H. 8437.

CONTINUATION

DE L'HISTOIRE

DU

PARLEMENT

DE BOURGOGNE,

Depuis l'année 1649 jusqu'en 1733.

CONTENANT les Noms, Surnoms, Qualités, Armes
& Blasons

DES PRESIDENTS, CHEVALIERS, CONSEILLERS,
AVOCATS ET PROCUREURS GENERAUX,
& Greffiers, qui y ont été reçûs dans cet intervale.

Avec un précis des Edits & Déclarations du Roi portant création de Charges en ce Parlement, & des Réglements de la Cour.

Par le Sieur FRANÇOIS PETITOT.

A DIJON,

Chez ANTOINE DE FAY Imprimeur des Etats, de la Ville,
& de l'Université.

M. DCC. XXXIII.

AVEC APROBATION, ET PRIVILEGE DU ROI.

AVERTISSEMENT.

'Hiſtoire du Parlement de Bourgogne depuis ſon établiſſement, deviendroit par la ſucceſſion des tems un Livre, ou preſque inutile, ou bien imparfait, ſi chaque ſiécle au moins ne fourniſſoit un Auteur animé du même zéle que celui qui a tranſmis à la poſtérité avec tant de ſuccès, les Noms, les Emplois, les Dignités & les vertus des Illuſtres Magiſtrats qui ont compoſé cet Auguſte Sénat juſqu'en l'an 1649. Le mérite a été de tous les tems, & ſi ces premiers Sénateurs l'ont porté à un ſi haut degré, leurs Succeſſeurs préparent à leurs neveux des exemples qu'ils rougiroient d'abandonner.

Si la Continuation de cette Hiſtoire ne préſente pas des portraits & des deſcriptions auſſi chargées d'éloges que celles qui ſe trouvent dans la premiére Partie, il ne faut imputer cette ſéchereſſe ni à la matiere de l'Ouvrage, ni aux intentions de l'Auteur; on a arrêté ſa plume & fixé ſon zéle, quoiqu'il ne l'eût pas emporté au-delà des bornes de l'Hiſtorien le plus exact. Les ames vraiment vertueuſes ſont toujours en garde contre le faux brillant de la vaine gloire.

Meſſieurs les Officiers de ce Parlement qui rempliſſent aujourd'hui ſi dignement les Places qu'ils y occupent, inſtruits du deſſein de l'Auteur, n'ont conſenti à l'exécution de ſon projet, qu'en lui faiſant entendre qu'ils ne vouloient ſe relâcher en rien de cette modeſtie qui ſeule peut mettre le comble au mérite le plus accompli; jaloux de celui de leurs Prédéceſſeurs, ils l'ont enviſagé, ils l'ont pris pour but, ils y ſont parvenus, il ſemble même qu'ils ſe ſoient propoſé d'aller plus loin. Eſt-il quelque choſe d'impoſſible à de ſi grands hommes?

Qu'il me ſoit du moins permis de leur donner un foible témoignage de tout le reſpect dont je me ſens pénétré pour un Corps ſi célébre, en avertiſſant le Public que, s'il eſt vrai que l'étude & la ſcience des Loix, jointes au plus ſcrupuleux déſintereſſement, ſont les deux points fixes qu'il faut ſaiſir pour faire paroître la Juſtice dans tout ſon éclat, il eſt peu de Compagnies Souveraines qui aient fourni tant de Magiſtrats qui ſe ſoient rendus ces ſages maximes auſſi familieres dans la pratique, qu'elles ſont faciles dans la ſpéculation.

Au reſte pour ſuivre le plan de l'Auteur de la premiére Partie de cette Hiſtoire, on a inſeré comme lui, à la tête de cette ſeconde Partie, les Edits de création ou ſupreſſion de differents Offices, les Déclarations du Roi, & les Réglements de la Cour les plus importants, depuis 1649 juſqu'en 1733.

✿✿✿✿✿✿✿✿✿✿✿✿✿✿✿✿✿✿✿✿✿✿✿✿✿✿✿✿✿✿✿✿

Edits, Déclarations du Roi, & Réglements de la Cour.

L E premier Edit ou Déclaration du Roi qui se présente & qui est enrégistrée, est celle du 23 de Décembre 1653, qui porte que les Offices de Conseillers Clercs ne pourront être possédés que par ceux de la qualité requise par les Ordonnances ; & par l'Arrêt d'enrégistrement il est dit, que nul ne sera reçû ausdits Offices qu'il ne soit promû à l'Ordre de Prêtrise.

1653.
Conseillers
Clercs.

Edit portant supression des Juges en dernier Ressort au Siége de la Table de Marbre du Palais à Dijon, qui avoient été créés par Edit du mois d'Avril 1641. Enregistré par Arrêt du 5 Aout 1659.

1658.
Supression de
la Table de
Marbre en der-
nier Ressort.

Déclaration du Roi, donnée à Fontainebleau au mois de Novembre 1661, enregistrée le 19 Fevrier 1663, par laquelle le Roi a ordonné que les Ordonnances & Réglements touchant la qualité des Officiers qui doivent être reçûs en ses Cours Souveraines soient exactement observées, & pour cet effet que nul ne puisse être pourvû & reçû Officier ésdites Cours, qu'il n'ait atteint l'âge de 25 ans accomplis; ce qui sera vérifié par le Régistre Baptistaire du lieu où il aura été batisé, qui sera présenté & assuré être véritable par le Curé, sous peine de faux, pardevant le premier Juge Royal des Villes où les Cours Souveraines seront établies ; comme aussi les peres, & à leur defaut les tuteurs & trois des principaux parents, representeront le contrat de mariage, qu'ils déclareront & affirmeront être véritable & non suposé, à peine de faux ; & que celui leur parent qui prétend être pourvû d'un Office en Cour Souveraine, est âgé de 25 ans accomplis : raporteront pareillement leur Matricule d'Avocat inscrite au dos de leur Licence, avec attestations de leur assiduité au Bareau ; l'une, des Avocats Généraux ésdites Cours Souveraines ; l'autre, du Doyen & Bâtonnier des Avocats. Que ceux qui voudront entrer aux Charges de Présidents ésdites Cours, ne pourront en être pourvûs qu'ils n'aient été actuellement Officiers en icelles pendant 10 années : & seront tenus ceux qui voudront être pourvûs des Charges tant de Conseillers que de Présidents, de se présenter à M. le Chancelier, & de faire leurs soumissions en personne au Régistre des Gardes des Rolles de la Chancellerie, que lesdits actes sont véritables, & consentent, en cas qu'ils se trouvent suposés, que leurs Charges demeurent acquises & confisquées au profit de Sa Majesté & des Rois ses Successeurs. Et comme il est nécessaire que ceux qui sont honorés des Charges és Cours de Parlement, qui les élévent à cette haute dignité & puissance d'être Juges de la vie, de l'honneur & des biens des Sujets du Roi, paroissent toujours dans le Public avec des habits qui conviennent à leur dignité, & qui les distinguent du commun, Sa Majesté veut que les Officiers desdites Cours de Parlement soient revêtus dans

1661.
Age requis
pour posseder
des Charges
dans les Cours
Souveraines.

Habits con-
venables aux
Officiers.

la Ville de foutannes & manteaux longs, fans collets a paffement, à peine pour la premiére fois, d'être privés de l'entrée defdites Cours pour fix mois, la feconde pour un an, & la troifiéme pour toujours. Le Roi s'eft néanmoins réfervé de donner des difpenfes d'âge & de fervice aux occafions importantes, & pour des confiderations & raifons de mérite de ceux qui les défireront de Sa Majefté.

Réglement fait par le Roi fur la compétence des Chambres de ce Parlement. Il a été fuivi d'Articles accordés & arrêtés dans la Compagnie au mois de Mars 1663, fous le bon plaifir du Roi, pour l'explication & exécution du même Réglement, lequel, enfemble lefdits Articles ont été interprétés par une Déclaration du Roi du mois de Juillet 1698, qui fera ci-après raportée dans l'ordre de fa datte.

1662.
Réglement fur la compétence des Chambres du Parlement.

1. Il fera établi une Direction compofée de Monfieur le Premier Préfident, d'un de Meffieurs les Préfidents en l'abfence les uns des autres, & de deux de Meffieurs les Confeillers de chaque Chambre; fçavoir, du plus Ancien de chaque Chambre, & d'un du milieu: lefquels Députés auront foin des menuës néceffités du Palais, tant des réparations, des feux, que des buvettes: ordonneront du payement des Ouvriers, tant de leurs gages ordinaires, que des ouvrages néceffaires, & qu'ils auront fait par leur ordre: délivreront les mandements, tant pour les chofes ci-deffus, que pour le payement de Meffieurs de la Compagnie qui auront été en députation, ou commiffion par ordre de la Cour, lefquels mandements feront fignés par lefdits Sieurs Députés, ou par trois d'iceux, en l'abfence des autres.

Réglement fait par la Compagnie fur la Direction du Palais.

2. Lefdits Sieurs Députés examineront annuellement les Comptes du Receveur des Amendes & des Greffiers, en ce qui concerne la recette des deniers deftinés pour l'acquittement des dettes du Parlement & autres, au payement defquelles dettes ils mettront ordre, fans fouffrir le divertiffement des deniers à d'autres emplois que celui de la deftination.

3. Lefdits Sieurs Députés s'affembleront une fois par femaine, à jour & heure certaine qui fera réglée, pour avifer à toutes lefdites affaires; & en cas que tous ne s'y trouvent pas, les préfents ne laifferont pas de travailler, pourvû qu'ils foient au nombre de trois.

4. Les mêmes Députés arrêteront & feront le Département des Epices d'Arrêt en Arrêt; & où il fe trouveroit quelque conteftation entre deux Parties touchant deux Commiffaires fervant en differentes Chambres, pour fçavoir lequel des deux demeureroit chargé d'un procès, les piéces en feront remifes entre les mains d'un des Députés pour en faire raport à tous Meffieurs les Préfidents & anciens Confeillers, & délibe rer avec eux dans la Grand'Chambre.

5. Ils auront pareillement foin du payement des gages de Meffieurs; à ce que les Ordonnances foient remifes és mains des Payeurs defdits gages de la Cour, dans le tems accoutumé; & feront les

taxes pour le port des procédures qui se remettent riere le Greffe de ladite Cour.

6. Lesdits Sieurs Députés seront chargés de veiller à l'observation du présent Réglement, & avertir la Compagnie des contraventions qu'ils connoîtront y être faites.

7. Lesdits Sieurs Députés du milieu seront chargés, à sçavoir un tous les ans en descendant.

Fait à Dijon en Parlement, les Chambres assemblées, le cinquiéme Mars 1663.

1663.
Les Procureurs Postulants au Parlement, créés en titre d'Office.

Edit donné à Paris au mois de Novembre 1663, enrégistré le 15 Fevrier 1664, par lequel le Roi déclare qu'ayant égard que les Rois ses Prédécesseurs avoient créé des Offices de Procureurs Postulants des Compagnies Souveraines & autres Justices de ce Royaume, & réglé le nombre d'iceux, ce qui auroit été exécuté pendant quelque tems; mais qu'il s'étoit glissé un abus au préjudice de son autorité royale, qui auroit donné lieu au Roi Loüis XIII. de donner un Edit en 1620, qui faisoit défenses à tous Procureurs d'exercer sans Lettres du Grand Sceau; ce qui néanmoins n'avoit pas été exécuté au Ressort de ce Parlement, & qui donna lieu au Roi de faire défenses d'en recevoir sans Lettres de Provisions, & d'ériger en titre d'Office les Charges de Procureurs Postulants dans toutes les Cours de Parlement, pour y être pourvû de personnes qui les exerceroient, & joüiroient des émoluments, moyennant finance; sans que ceux qui les exerçoient pour lors en vertu de Commissions, fussent tenus de prendre des Lettres de Provisions pendant leur vie: mais pour faire distinction de ceux qui auroient l'honneur d'être Officiers, & de ceux qui se contenteroient desdites Commissions, Sa Majesté voulut que ceux qui obtiendroient des Lettres de Provisions, pussent résigner leurs Offices quand bon leur sembleroit, & que ceux qui exerceroient en vertu de Commissions ou Nominations, & qui ne prendroient des Provisions dans trois mois, ne pussent résigner, & que leurs Offices fussent éteints & suprimés par leur mort : Et par l'Arrêt d'enrégistrement il fut dit que, sous le bon vouloir & plaisir de Sa Majesté, les Offices de Procureur vacants jusqu'au jour dudit enrégistrement, seroient conservés, à la charge que ceux qui en auroient traité, prendroient des Provisions du Roi.

1665.
Les Officiers des Compagnies sont tenus de résider dans la Ville où elles sont établies.

Par une Déclaration du 19 de Septembre 1665, sur les remontrances des Etats de cette Province, le Roi ordonna que tous les Officiers du Parlement, Chambre des Comptes, Bureau des Finances, & autres, seroient tenus de faire leur résidence dans les lieux où leurs Compagnies sont établies, à peine d'être imposés aux charges publiques dans les lieux où ils résideront. Cette Déclaration fut enrégistrée par Arrêt du dix-sept d'Aout 1666; & par l'Arrêt il fut octroyé le tems de trois mois à quelques Officiers de la Chancellerie pour se pourvoir contre ces Lettres, comme contraires à l'Edit de création de leurs Offices.

Par autre Edit du mois de Décembre 1665, enrégiftré par Arrêt du 4 Janvier fuivant , il plût au Roi de fixer le prix des Charges ; fçavoir., celles de Préfidents à Mortier à cent vingt mille livres chacune; celles de Chevaliers d'Honneur à foixante mille livres ; celles de Confeillers Laïcs à foixante-fix mille livres ; celles de Préfidents aux Requêtes du Palais à quatre-vingts mille livres ; celles de Confeillers Clercs à cinquante-deux mille livres ; celles de Confeillers aux Requêtes du Palais à pareille fomme ; celles d'Avocats Généraux de même ; & celle de Procureur Général à cent vingt mille livres.

1665. Fixation du prix des Charges du Parlement.

Par Lettres Patentes en forme d'Edit, données à S. Germain en Laye au mois d'Octobre 1666, le Roi fixa le nombre des Procureurs au Parlement à foixante & dix, & ceux de la Chambre des Comptes à douze, fans qu'il pût être augmenté pour quelque caufe que ce fût ; à la charge par ceux qui en feroient pourvûs, d'en prendre des Lettres de Provifions, & payer la finance pour laquelle ils feroient modérément taxés : ils furent reçûs à payer le Droit annuel, & Sa Majefté les déchargea du Prêt porté par l'Edit du mois de Décembre précédent. Ces Lettres furent enrégiftrées par Arrêt du 5 de Janvier 1667, & publiées à l'Audience du 10 du même mois.

1666. Les Procureurs du Parlement fixés au nombre de 70.

Edit du mois de Juillet 1669, portant Réglement pour l'âge, alliances, voies délibératives, vétérances, priviléges, &c. des Officiers de Judicature ; qui ordonne que l'Edit du mois de Décembre 1665, fera exécuté, & qu'aucuns ne foient pourvûs, admis ni reçûs dans les Offices de Préfidents des Cours qui jugent en dernier Reffort, qu'ils n'aient atteint l'âge de 40 années accomplies ; en celles d'Avocats & Procureurs Généraux , qu'ils n'aient atteint l'âge de 30 années ; en celles de Confeillers éfdites Cours, Maîtres, Correcteurs & Auditeurs des Comptes, l'âge de 27 ans ; le tout à peine de nullité des Provifions, Réceptions, & de privation des Offices. Enrégiftré par Arrêt du 9 Décembre 1669.

1669. Age des Officiers.

Edit du mois d'Aout 1667, concernant les hypotéques du Roi fur les biens des Officiers Comptables , Fermiers Généraux & Particuliers , & autres ayant le manîment des deniers royaux. L'Article VI. attribuë à ce Parlement la vente & diftribution des biens immeubles & Offices de toute nature defdits Comptables. L'Article VII. permet à la Cour d'évoquer de toutes autres Cours & Juges ; & l'Article VIII. oblige les Créanciers faififfants de faire fignifier leur faifie au Procureur Général , & de retirer fon confentement par écrit pour les continuer. Enregiftré par Arrêt du 4 Juillet 1670.

1669. Hypotéques du Roi fur les Officiers Comptables.

Ordonnance du mois d'Aout 1669, par laquelle, à l'Article IX. du Tit. des Répis , il eft porté que les apellations des Jugements & Sentences renduës par les Juges aufquels les Lettres de Répi auront été adreffées, reffortiront fans moyens és Cours de Parlement. Enregiftrée par Arrêt du 27 Novembre de la même année.

1669. Lettres de Répi.

Edit du même mois, portant qu'aucun ne pourra être reçû Apel-

1669.

Amandes des apellations.

lant , qu'il n'ait confiné l'amande de douze livres és Cours de Parlement. Enrégiftré par Arrêt du 9 Décembre de la même année.

1671.
Confignation des amandes.

Déclaration du Roi, du 24 Mars 1671 , contenant Réglement pour les confignations des amandes, tant d'apellations que de Requêtes ci‑viles & infcriptions de faux. Enrégiftrée par Arrêt du premier Juillet de la même année.

1671.
Requêtes ci‑viles.

Déclaration du Roi du mois d'Avril 1671 , portant que les Arrêts en denier Reffort ne pouront être rétractés que par Lettres en forme de Requête civile , à l'égard de ceux qui auront été Partie ou duëment apellés , & de leurs héritiers , fucceffeurs & ayant caufe. Le Roi fait défenfes aux Parties de fe pourvoir contre lefdits Arrêts par Requête à fin d'interprétation d'iceux, ni autrement, que par Requête civile , à peine de 500 livres d'amande , qui ne poura être remife ni moderée; & à toutes fes Cours de rétracter lefdits Arrêts, & d'en changer les difpofitions par maniere d'interprétation ou autres voies que par Lettres en forme de Requête Civile , à peine d'en répondre par les Préfidents ou Raporteurs , en leurs noms : Comme auffi en interpré‑tant les Articles **VI. & VII.** du Titre des informations de l'Ordon‑nance de 1670 , donnée fur la procédure criminelle , Sa Majefté fait défenfes à tous Juges , même de fes Cours , de commettre leurs

Défenfes de fe fervir d'autres perfonnes que des Greffiers ou de leurs Commis pour écrire dans les affaires cri‑minelles.

Clercs ou autres perfonnes pour écrire les informations, interro‑gatoires , Procès verbaux , recolements , confrontations & tous autres actes & procédures en matiere criminelle , dedans ou dehors leur Siége , fous quelque prétexte & occafion que ce foit , même de maladie , ou autre légitime empêchement des Greffiers ou leurs Commis. Fait pareillement défenfes aufdits Greffiers de commettre les Clercs des Juges , même des Cours, & aucune perfonne qui n'ait fervi actuellement pendant deux ans entiers en leurs Greffes ; fans néanmoins que ceux qui exécuteront des Commiffions émanées du Roi puiffent être empêchés de commettre telles perfonnes qu'ils aviferont, aufquels ils feront prêter le ferment conformément à ladite Ordonnance. Enregiftrée par Arrêt du 21 Mai 1672.

1672.
Age requis pour être reçû Officier.

Déclaration du Roi du mois de Fevrier 1672 , portant Réglement pour l'âge & fervice requis pour être pourvû des Offices de Judicature des Compagnies Souveraines ; qui ordonne entre autres chofes , que les Edits de Décembre 1665 & Juillet 1669 feront exécutés felon leur for‑me & teneur, ce faifant qu'aucun ne puiffe être pourvû, reçû ni admis dans les Offices de Préfidents , qu'il n'ait été pourvû de Judicature éfdites Cours , & n'en ait actuellement & affiduëment fait les fonc‑tions pendant dix années entiéres ; en ceux de Confeillers éfdites Cours , Maîtres , Correcteurs & Auditeurs des Comptes , qu'il n'ait l'âge de 27 années ; que les Baillis , Sénéchaux , Lieutenants Géné‑raux , Particuliers , Civils & Criminels , Préfidents aux Siéges Pré‑fidiaux , ne puiffent être admis aufdits Offices , qu'ils n'aient atteint l'âge de 30 années , & les Confeillers, Avocats & Procureurs du

Roi éfdits Sieges, celui de 27 ans accomplis, le tout à peine de nullité des Provifions, Réceptions faites en conféquence , & privation
de leurs Offices, qui demeurent acquis au profit du Roi ; Sa Majefté
fe réfervant la connoiffance des contraventions qui feront faites à la
préfente Déclaration par les Pourvûs des Offices des Cours; & renvoie celle des Officiers fubalternes aufdites Cours, chacune dans
fon Reffort. Régiftrée par Arrêt du 29 Mai 1672.

 Déclaration du Roi du mois de Mars 1672, qui attribuë l'hérédité
aux Offices de Procureurs au Parlement. Enrégiftrée par Arrêt du 13
Aout de la même année.

 Edit du mois de Décembre 1672 , contenant rétabliffement du Siége
de la Table de Marbre du Palais à Dijon , fans attribution du dernier
Reffort. Enrégiftré par Arrêt du 30 Décembre de la même année.

 Edit du mois de Mars 1673 , en forme de Réglement pour les Epices
& Vacations des Commiffaires , & autres frais de Juftice. Enrégiftré
par Arrêt du 8 Mai de la même année.

 Edit du même mois, contenant création en titre d'Offices formés
& héréditaires de trois Greffiers en Chef pour ce Parlement, un à la
Grand'Chambre , un à la Tournelle , & un aux Enquêtes , lefquels
Greffiers porteront la Robe rouge & l'épitoge ; deux principaux Commis de la Grand'Chambre & deux de la Tournelle , pour fervir aux
Chambres du Confeil & aux Audiances; un principal Commis pour la
Chambre des Enquêtes ; un Greffier des Préfentations pour le Civil &
le Criminel ; trois Greffiers Gardes des Sacs, un pour la Grand'Chambre , un pour la Tournelle & un pour la Chambre des Enquêtes ,
lefquels tiendront des Régiftres pour la diftribution des procès &
affaires, & feront la fonction de Greffiers des Decrets . & Adjudi-
cations ; un Greffier des Affirmations, qui fera le contrôlle des dépens,
fignera les Exécutoires , & fera le dépofitaire des rolles ou états des dépens ; un Greffier en Chef pour les Requêtes du Palais , & un principal Commis ; un Greffier des Préfentations , qui fera la fonction
de Greffier-Garde Sacs. Enrégiftré par Arrêt du 8 Mai 1673.

 Arrêt du Confeil & Lettres Patentes du 19 Aout 1673 , contenant
rétabliffement de dix Procureurs poftulants en ce Parlement, au-delà
des foixante & dix fixés par la Déclaration du mois d'Octobre 1666.
Ces Lettres Patentes ont été enrégiftrées par Arrêt du 29 Novembre
de la même année.

 Arrêt du Confeil d'Etat du 7 Avril 1675 , donné fur la Requête
du Procureur-Syndic des Etats Généraux du Duché de Bourgogne,
Comtés & Pays adjacens , par lequel le Roi a ordonné que les Lettres
de Répi pour le Reffort de ce Parlement , à l'ordinaire, en connoiffance de caufe & fans aucune furféance ni défenfes, pourront être fcellées & expédiées en la Chancellerie près le même Parlement, comme auparavant l'Ordonnance du mois d'Aout 1669, à laquelle Sa
Majefté a dérogé pour ce regard feulement : & à l'égard de celles

1672.
*Héréditéattri-
buée aux Pro-
cureurs.*

1672.
*Rétabliffement
de la Table de
Marbre.*

1673.
*Epices & va-
cations des Offi-
ciers.*

1673.
*Création de
trois Greffiers en
Chef, trois prin-
cipaux Commis,
& de différents
autres Greffiers
au Parlement.*

1673.
*Rétabliffement
de dix Procu-
reurs au Parle-
ment.*

1675.
*Lettres de Ré-
pi.*

portant furféance, elles feront fcellées en la Grande Chancellerie, à peine de nullité d'icelles, & de 300 livres d'amande.

1679.
Etabliffement d'une Chambre de Révifion des Arrêts du Parlement de Befançon.

En l'année 1679, par Lettres Patentes en forme d'Edit, données à S. Germain en Laye le 15 de Fevrier, enrégiftrées par Arrêt du 28 du même mois, le Roi créa & établit en ce Parlement une Chambre de Révifion, pour juger & terminer définitivement les propofitions d'erreur & matieres de Révifions contre les Arrêts du Parlement de Befançon, ainfi qu'elles fe jugeoient au Confeil de Malines; & en exécution de cet Edit Sa Majefté commit & députa pour Juges Révifeurs pendant l'année commencée à la S. Martin 1678, & finiffant à pareil jour 1679, Meffieurs les Confeillers Pouffier, Richard, Bourée de Chorey, Lecompaffeur, de Mucie, Berbis, Efpiard de Vernot, Fevret l'aîné, & de Maillard, avec deux Confeillers du Parlement de Befançon, qui fe tranfporteroient en cette Ville de Dijon pour vaquer en nombre pair à la vifite & jugement de ces matieres; voulant qu'en cas de partage entre eux, l'Arrêt contre lequel auroit été propofé l'erreur, prévalut & fit la pluralité des voix, & ce conformément à l'Ufage & Ordonnance du Comté de Bourgogne; aufquels Mefdits Sieurs les Députés Confeillers de ce Parlement, ainfi qu'aux deux autres commis par le Parlement de Befançon, il fut donné pouvoir de juger ces procès de révifion pendant ladite année 1679, & à cet effet de s'affembler dans l'une des Chambres du Palais, ou en la maifon de l'Ancien des Confeillers commis, fans déroger aux Droits & Ufages du Comté de Bourgogne.

1679.
Commiffion pour la Chambre de Révifion.

Par autres Lettres Patentes données à S. Germain en Laye le 29 Octobre 1679, le Roi commit pour cette Chambre de Révifion pendant l'année commencée à la S. Martin 1679, Meffieurs les Confeillers de Chaumelis Doyen de la Cour, de la Boutiere, Efpiard l'aîné, Milletot, de Villers, Lenet, Gaillard de Montigny, Bouchu & Maletefte, pour juger les propofitions d'erreur contre les Arrêts du Parlement de Befançon, au nombre de huit au moins, avec les deux Confeillers Commis & Députés par le Parlement de Befançon.

1680.
Supreffion de la Chambre de Révifion.

Cette Chambre après avoir été en féance pendant ces deux années, fut fuprimée; Sa Majefté ayant érigé le Parlement de Befançon en Souverain comme tous les autres Parlements du Royaume.

1679.
Avis des Officiers parents ou alliés.

Arrêt du Confeil & Lettres Patentes du 30 Juin 1679, portant que dans les Compagnies fupérieures & inférieures, les avis des Officiers Titulaires, Honoraires ou Vétérans qui fe trouveront parents ou alliés au degré de pere & fils, de frere, d'oncle & neveu, de beau-pere & gendre & de beau-frere, ne feront comptés que pour un, quand ils fe trouveront conformes. Enrégiftré par Arrêt du 11 Aout de la même année.

1679.
Edit des Duels.

Edit du mois d'Aout 1679 concernant les duels. Les Articles VII. & XIX. portent que l'apel des Jugements, même de ceux rendus à ce fujet par les Prevôts des Maréchaux, fera porté au Parlement. Enrégiftré par Arrêt du 29 Novembre 1679.

Arrêt du Conseil, du 6 Avril 1675, portant Réglement pour la Chancellerie près le Parlement, par lequel, sur la Requête présentée au Roi en son Conseil par le Syndic des Etats Généraux du Duché de Bourgogne, en conséquence de la Réponse qu'il a plû à Sa Majesté de faire aux Cahiers qui lui ont été présentés au mois de Janvier dernier par les Gens desdits Etats, contenant que les Officiers de la Chancellerie établie près le Parlement de Dijon, ne suivent pas le Tarif du mois d'Avril 1672 pour les taxes des Lettres qui s'expédient dans les Chancelleries établies près les Parlements, quoiqu'il ait été fait pour leur servir de régle & de loi générale ; qu'ils se dispensent aussi de mettre les taxes sur aucunes desdites Lettres, bien que cela leur soit expressément enjoint, & que ce soit l'usage de la Grande Chancellerie : qu'ils prétendent de plus, sous prétexte d'un traité particulier ou Bail à Ferme du 15 Décembre 1672, fait avec les deux cens quarante Secretaires de Sa Majesté, Maison & Couronne de France, & d'une homologation dudit traité, passée en forme de Déclaration, du 18 Janvier 1673, que M. le Chancelier ou le Grand Conseil sont seuls Juges des contraventions qui peuvent arriver aux Ordonnances & Réglements de la Chancellerie & autres difficultés au sujet de leurs Charges, en sorte qu'au lieu que ceux qui ont des plaintes à faire doivent s'adresser au Sieur Garde des Sceaux de ladite Chancellerie, conformément à l'établissement & à la fonction de sa Charge, qui est toujours exercée par un des Sieurs Présidens ou Conseillers dudit Parlement, lesdits Officiers prétendent qu'il faut plaider à Paris, quoiqu'il ne s'agisse souvent que de sommes très-modiques, comme par exemple, dix-sept sols six deniers pour la taxe d'un Debitis ou autres semblables Lettres, ce qui seroit une oppression publique aux Sujets de Sa Majesté, & une spoliation de la Jurisdiction ordinaire ; prétendans en outre lesdits Officiers, au préjudice de l'usage & possession immémoriale observée dans ladite Province, de faire sceller indifféremment tous Arrêts & Jugements, tant dudit Parlement que du Présidial de Bourg, & plusieurs actes de Justice, qui jusques ici n'ont point été scellés audit Ressort : même qu'il n'est permis de faire assigner audit Parlement, en premiére instance, ni en garentie en vertu d'Arrêt sur Requête, mais qu'il faut de plus une Commission scellée : faisans encore lesdits Officiers de la Chancellerie, sceller les Lettres de restitution & de rescision, qui ne sont que Lettres simples, comme Lettres de permission, ce qui en augmente le prix ; & qu'enfin, sous prétexte d'une transaction passée entre lesdits Officiers & les Procureurs du Parlement de Dijon sur leur difficulté pour la confection des Lettres de Chancellerie, lesdits Officiers s'en sont départis au profit desdits Procureurs, à raison de quatre sols par Lettres, ce qui a donné lieu ausdits Procureurs de faire payer à leurs Parties lesdits quatre sols, outre & pardessus les droits ordinaires anciens, lequel payement est une nouvelle charge aux Sujets de Sa Majesté :

1675.
Réglement
pour la Chan-
cellerie.

c

à quoi le Supliant requeroit qu'il lui plût d'y pourvoir, ainſi qu'elle a eu la bonté de faire eſperer aux Gens deſdits Etats. Vû ladite Requête, ſignée Payelle Avocat, & piéces attachées à icelle : Oüi le Raport du Sieur Colbert, Conſeiller Ordinaire au Conſeil Royal, Controlleur Général des Finances, Commiſſaire à ce député, tout conſideré : Le Roi en ſon Conſeil a ordonné & ordonne que le Tarif fait en conſéquence de la Déclaration du mois d'Avril mil ſix cens ſoixante-douze, portant les taxes des Lettres des Chancelleries établies près les Parlements, ſera exécuté en celle de Dijon ſuivant ſa forme & teneur ; enjoint aux Officiers d'icelle de l'obſerver, & de mettre la taxe ſur toutes les Lettres qui y ſeront ſcellées ſans exception, conformémentaudit Tarif, à peine de deux cens liv. d'amande pour chacune contravention ; que le Sieur Garde des Sceaux de ladite Chancellerie connoîtra en premiére inſtance des contraventions aux Ordonnances & Réglemens de Chancellerie, & autres difficultés qui y pourront ſurvenir juſqu'à Sentence définitive, par proviſion, & nonobſtant l'apel qui ſera relevé pardevant M. le Chancelier-Garde des Sceaux de France, avec défenſes de taxer, comme Lettres de permiſſion, celles de reſtitution & de reſciſion ; & que pour le ſcel des Jugements, Sentences & autres actes de Juſtice qui doivent être ſcellés, il en ſera uſé comme en la Chancellerie établie près le Parlement de Paris ; faiſant pareillement Sa Majeſté défenſes aux Procureurs dudit Parlement & à tous autres d'exiger les quatre ſols ci - deſſus, au - delà du prix ou ſalaire ordinaire de la confection des Lettres, ni autres plus grands droits , à peine de pareille amande.

1679.
Duels.

Déclaration du Roi du 30 Décembre 1679, concernant les Duëls. L'Article VII. attribuë au Parlement en premiére inſtance, la connoiſſance des duels dans le cas marqué par cet Article. Enregiſtrée par Arrêt du 3 Fevrier 1680.

1680.
Lettres de Rémiſſion pour les homicides involontaires.

Edit du mois de Janvier 1680, portant que dans les Chancelleries près les Cours, les Lettres de Rémiſſion ſeront accordées ſeulement pour les homicides involontaires, ou qui ſeront commis dans la néceſſité précise d'une légitime défenſe de la vie, ſans qu'en autre cas il en puiſſe étre expédié, à peine de nullité ; en conſéquence défenſes ſont faites auſdites Cours de procéder à l'entérinement des Lettres de Rémiſſion expédiées éſdites Chancelleries, quand ce ſera pour d'autres cas que ceux exprimés par le même Edit. Il a été enregiſtré par Arrêt du dernier Mars de la même année.

1680.
Arrêt qui autoriſe les Delibérations des Procureurs.

Arrêt de la Cour du 19 Fevrier 1680, donné ſur la Requête des Syndics des Procureurs de ladite Cour, par lequel il a été ordonné que les Délibérations qui ſeront formées par les douze Procureurs qui ſeront choiſis pour la première fois & nommés à la première aſſemblée générale qui ſera convoquée & faite à ce ſujet, & par leſdits deux Syndics & par ceux qui ſeront nommés & choiſis annuellement, le jour de la fête de S. Yves, audit nombre de douze, des trois ordres ci-deſſus énoncés, avec lesdits deux Syndics, ou par ceux dudit nombre & desdits Syndics qui se trouveront à l'assemblée qui sera faite tous les jours de Samedi précisément, à deux heures après midi, seront exécutées comme si elles avoient été formées par tout le Corps desdits Procureurs ; que les amandes jusqu'à la somme de dix livres, & autres peines qui seront contenuës ésdites Délibérations particuliéres, & en celles qui seront prisés és assemblées générales, seront exécutées, & les condamnés contraints, en vertu du présent Arrêt, sans qu'il soit besoin d'autre, nonobstant oposition ni apellation quelconques.

Edit du mois de Septembre 1681, contenant Réglement pour la Chambre des Vacations de ce Parlement. Enregistré par Arrêt du 3 Janvier 1682.

1681. Réglement pour la Chambre des Vacations.

Arrêt du Conseil d'Etat du 24 Mars 1682, entre le Syndic des Etats de Bourgogne & les Officiers de la Chancellerie près ce Parlement, au sujet des droits du Sceau.

1682. Droits du Sceaux.

Déclaration du Roi du 9 Fevrier 1683, qui permet aux Aspirants aux Offices de Judicature dans les Cours de Parlement & autres Juridictions, de prendre des dispenses d'âge, de service & de parenté, moyennant finance. Cette Déclaration a été adressée à M. le Chancelier, & enregistrée au Grand Sceau.

1683. Dispense d'âge, de service & de parenté.

Déclaration du Roi du 26 Fevrier 1683, par laquelle, en confirmant l'Edit du mois de Mars 1673 concernant les Epices, & y ajoutant, il est ordonné que les procès tant civils que criminels pendants és Cours & dans les Siéges subalternes, seront raportés & jugés, nonobstant qu'il n'ait point été fait de consignations précédentes des Epices, dont Sa Majesté abroge & défend l'usage, sans préjudice néanmoins des Vacations pour les procès qui seront de Commissaire, dont la consignation continuëra à être faite par avance, ainsi que par le passé. Enregistrée par Arrêt du 21 Mai 1683.

1683. Consignation d'Epices.

Arrêt du Conseil d'Etat du 7 Septembre 1683, entre le Syndic des Etats de Bourgogne & les Officiers de la Chancellerie près ce Parlement, touchant les droits du Sceau.

1683. Droits du Sceau.

Edit du mois de Septembre 1683, portant qu'il sera passé outre par les Cours au Jugement des procès, nonobstant les cédules évocatoires, si les Evoquans n'ont donné à cet effet leur procuration spéciale, si la cédule n'est signifiée quinzaine avant la fin des Parlements, & si le fait propre n'est reçû par Arrêt du Conseil. Enregistré par Arrêt 27 Novembre de la même année.

1683. Evocations.

Arrêt du Conseil d'Etat du 26 Octobre 1683, portant que les sommes employées dans les états des charges assignées sur les amendes, pour fournir aux menuës nécessités des Cours Supérieures & des Siéges subalternes, seront payées conformément ausdits états, & passées en la dépense des comptes du Fermier du Domaine.

1683. Menuës nécessités des Cours & Siéges.

Déclaration du Roi du mois de Novembre 1683, portant que ceux qui voudront être admis aux Offices de Conseillers en ses Cours, & en ceux de Conseillers, Avocats & Procureurs de Sa Ma-

1683. Ages des Officiers.

jetté dans les Siéges Préfidiaux, puiſſent être admis à l'âge de 25 ans accomplis, pourvû toutefois qu'ils aient ſatisfait à toutes les conditions portées par l'Edit du mois d'Avril 1679, & la Déclaration du 6 Aout 1682, dont ils ſeront tenus de raporter les preuves & actes néceſſaires, leſquels ſeront attachés ſous le contre-ſcel des Lettres de Proviſions ; dérogeant quant à ce ſeulement aux Edits de 1665, 1669 & 1672, leſquels au ſurplus ſortiront leur plein & entier effet. Enregiſtrée par Arrêt du 21 Janvier 1684.

1683.
Homicides involontaires.

Déclaration du Roi du 22 Novembre 1683, portant que les Articles II. & XXVII. du Tit. XVI. de l'Ordonnance du mois d'Août 1670 ſeront exécutés ſelon leur forme & teneur, & auront lieu ſeulement pour les Chancelleries étant près les Cours, & ce faiſant, défenſes aux Maîtres des Requêtes & Gardes des Sceaux deſdites Chancelleries de ſceller aucune Rémiſſion, ſi ce n'eſt pour les homicides involontaires, ou pour ceux qui ſeront commis dans une légitime défenſe de la vie, & quand l'Impétrant aura couru riſque de la perdre; ſans qu'en autre cas il en puiſſe être expédié, à peine de nullité ; & en conſéquence défenſes aux Cours & Juges de procéder à l'entérinement des Lettres de Rémiſſion expédiées éſdites Chancelleries pour autres cas que ceux exprimés ci-deſſus, quand même l'expoſé ſe trouveroit conforme aux charges ; & quant aux Rémiſſions que le Roi aura eſtimé à propos d'accorder pour d'autres crimes, & qu'à cet effet Sa Majeſté aura ſigné & fait contreſigner les Lettres par un de ſes Secretaires d'Etat & Commandements, & ſcellées du Grand Sceau, il eſt ordonné que les Cours & Juges auſquel il échéra d'en faire l'adreſſe, ayent à procéder à l'entérinement d'icelles, quand l'expoſé que l'Impétrant aura fait par leſdites Lettres ſe trouvera conforme aux informations, ou que les circonſtances ne ſeront pas tellement différentes, qu'elles changent la qualité de l'action, & ce ſuivant ce qui eſt porté par l'Article premier du Tit. XVI. de l'Ordonnance de 1670, & nonobſtant qu'éſdites Lettres le mot d'*abolition* ne ſoit employé, ce qui ne poura nuire ni préjudicier auſdits Impétrants, nonobſtant auſſi tous uſages à ce contraires ; ſauf auſdites Cours, (après l'entérinement fait,) à faire au Roi des remontrances, & aux autres Juges à repréſenter à M. le Chancelier ce qu'ils trouveront à propos ſur l'atrocité des crimes, pour y faire à l'avenir la conſideration convenable. Enrégiſtrée par Arrêt du 21 Janvier 1684.

1684.
Réglement pour les Vacations des Officiers qui iront en commiſſion.

Arrêt du Conſeil & Lettres Patentes du 5 Avril 1684, concernant la Taxe & Réglement de ce qui doit être payé pour les Vacations des Officiers de la Cour & des Siéges & Juridictions du Reſſort d'icelle, qui iront en commiſſion, & feront deſcentes hors la Ville & Banlieuë de leur établiſſement. Enrégiſtré par Arrêt du 28 Avril de la même année.

1684.
Habillements des Officiers.

Déclaration du Roi du mois d'Avril 1684, contenant Réglement ſur les habillements des Officiers de la Cour, & des Préſidiaux & principaux Siéges Royaux. Enregiſtrée par Arrêt du 3 Juin de la même année.

Déclaration du Roi du 21 Janvier 1685, portant que celle du mois de Mars 1671 fera exécutée, ce faifant, défend à fes Cours & Juges qui jugent en dernier Reffort, en condamnant les accufés à des amandes envers Sa Majefté, de prononcer contre eux aucune condamnation d'aumônes pour employer aux œuvres pies, fi ce n'eft dans le cas où aura été commis facrilége, & où ladite condamnation pour œuvres pies fera partie de la réparation ; pourront néanmoins lefdites Cours & Juges, attendu qu'il n'échet pas d'amandes contre les Porteurs des Lettres de Rémiffion, ou és autres cas où il n'échet pas non plus d'amandes envers le Roi, condamner s'il y échet, felon qu'ils eftimeront en leur confcience, les Porteurs de Rémiffion & Accufés, en des aumônes, lefquelles, quant aux Porteurs de Rémiffion, feront uniquement apliquées au pain des Prifonniers, & quant aux autres aumônes aufquelles les Accufés pourront être condamnés, foit pour facriléges, ou autres cas éfquels il n'échet amande, ne pouront lefdites aumônes être apliquées à autre ufage qu'au pain des Prifonniers, ainfi qu'il eft accoutumé, ou au profit des Hôtels-Dieu, Hôpitaux Généraux des lieux, ou Religieux mandiants & autres lieux pitoyables, à peine de défobéiffance. Enregiftrée par Arrêt du 28 Mars 1685.

1685.
Amandes ; en quels cas doivent être apliquées en œuvres pies, & au pain des Prifonniers.

Déclaration du Roi du 21 Janvier 1685, concernant la vente des biens immeubles & Offices des Comptables. Elle explique l'Edit donné fur le même fait au mois d'Aout 1669, qui attribuë à la Cour la vente & diftribution. Enregiftrée par Arrêt du 28 Mars 1685.

1685.
Vente des immeubles des Comptables.

Edit du mois de Fevrier 1689, portant réunion au Domaine du Roi des Offices de Receveurs, Controlleurs & Commis aux Confignations, & qui ordonne la vente de tous lefdits Offices fous le titre de Receveurs des Confignations héréditaires & domaniales, en chacune des Cours de Parlement, Requêtes du Palais, Bailliages & autres Juftices Royales. Enregiftré par Arrêt du 26 Mars de la même année.

1689.
Receveurs ; Controlleurs & Commis aux Confignations.

Edit du mois de Juillet 1689, portant création dans toutes les Cours, & Juridictions du Royaume, d'un Commiffaire Receveur des deniers des faifies réelles, en titre d'Office héréditaire & domanial. Enregiftré par Arrêt du 8 Aout de la même année.

1689.
Commiffaires aux faifies réelles.

Edit du mois de Novembre 1689, portant création en toutes Cours, & autres Juftices Royales, d'Offices de tiers Référendaires Taxateurs & Calculateurs des dépens, avec attribution d'un fol 6 den. pour chaque article des Déclarations. Cette Déclaration fut enrégiftrée par Arrêt du 26 de Janvier 1690.

1689.
Création de Procureurs tiers Référendaires & Taxateurs des dépens.

Par autres Lettres Patentes données au mois de Mai 1690, le Roi a incorporé les fix Offices de Tiers-Référendaires, Taxateurs & Calculateurs des dépens au Parlement, Requêtes du Palais, Table de Marbre & Eaux & Forêts, créés par le fufdit Edit, au Corps de Communauté des Procureurs au Parlement, moyennant la finance de vingt-deux mille livres, & les deux fols pour livre, pour l'attri-

1690.
Réunion de ces Offices à la Communauté des Procureurs du Parlement.

d

bution d'un fol fix deniers par chaque article employé dans les taxes de dépens, à la charge de nommer un certain nombre d'entre eux pour en faire les fonctions, de trois mois en trois mois ; à condition auffi que les fix plus anciens Procureurs joüiroient des privileges & exemptions, & du droit de Committimus attribués par l'Edit de création de ces Offices. Ces Lettres & l'Arrêt du Conseil donné en conséquence ont été enrégiftrés par Arrêt du 27 Mai de la même année.

1691.
Création de Receveurs des amandes, épices & vacations de la Cour.

Edit du mois de Fevrier 1691, portant création des Receveurs des épices & amandes dans les Cours Souveraines & autres Juftices Royales, & Réglement pour le compte des amandes du Parlement pardevant Mr. le Premier Préfident & Mr. le Procureur Général. Enregiftré par Arrêt du 5 Mai de la même année.

1691.
Création d'Ecrivains à la Peau.

Par Déclaration du Roi donnée à Verfailles au mois de Fevrier 1691, Sa Majefté créa en titre d'Offices quatre Ecrivains à la Peau, & deux pour les Requêtes du Palais, trois autres Commis au Parlement, & un aux Requêtes du Palais, pour dreffer dans le ftile accoutumé toutes les minutes des Arrêts & Jugements, & pour communiquer aux Parties & aux Procureurs les minutes & les Régiftres defdites Cours. Cet Edit a été enrégiftré par Arrêt du 28 de Mars de la même année.

1691.
Création de deux Charges de Préfident à Mortier, trois de Confeillers Laïcs, & une de Confeiller Commiffaire aux Requêtes du Palais.

Par autre Edit ou Déclaration donnée au Camp devant Mons au mois de Mars 1691, enrégiftrée le 4 d'Avril fuivant, le Roi créa & érigea en titre d'Offices deux Charges de Préfidents à Mortier en ce Parlement, pour y faire le nombre de Dix Préfidents, dont Quatre ferviroient à la Grand'Chambre, Quatre à la Tournelle, & Deux aux Enquêtes ; Trois Offices de Confeillers Laïcs au Parlement, & Un de Confeiller Commiffaire aux Requêtes du Palais, pour être joints & unis à perpétuité au Corps du Parlement, & y y être dèflors, arrivant le décès, pourvû par Sa Majefté de perfonnes capables, & joüir par ceux qui en feroient pourvûs, des mêmes droits, privileges & gages dont joüiffent les autres Officiers ci-devant établis en pareilles Charges.

1692.
Réunion des Offices de Commis Ecrivains à la Peau, au Greffe du Parlement.

Par autre Arrêt du Conseil du 29 de Janvier 1692 & Lettres Patentes données fur icelui le 3 de Fevrier 1693, enrégiftrées au Parlement le 3 de Juillet fuivant, le Roi réunit aux Propriétaires ou Engagiftes du Greffe du Parlement les trois Offices de Commis Ecrivains à la Peau créés par Edit du mois de Fevrier 1691, pour en joüir conjointement & conformément audit Edit & Arrêt du Conseil, avec leurs autres Greffes.

1692.
Création d'Offices de Greffiers Confervateurs des Minutes & Expéditionnaires des Lettres de Chancellerie.

Par Edit donné à Verfailles au mois de Mars 1692, le Roi créa quatre Offices de Confeillers du Roi, Greffiers, Confervateurs des Minutes, & Expéditionnaires des Lettres de la Chancellerie près le Parlement, & fit un Tarif des droits attribués à ces Offices. Enregiftré par Arrêt du 7 Mai de la même année.

Par Arrêt du Confeil tenu à Verfailles le 5 d'Aout 1692, le Roi déclara qu'il acceptoit les offres faites par les Procureurs en ce Parlement, de la fomme de trente-deux mille livres, & les deux fols pour livre, pour la finance de quatre Offices de Confeillers, Greffiers-Confervateurs des Minutes & Expéditionaires des Lettres qui s'expédient en la Chancellerie près le Parlement, & permet à la Communauté des Procureurs de commettre d'entre eux pour porter lefdits Offices & joüir des privileges portés par l'Edit de création d'iceux du mois de Janvier 1692. Cet Arrêt & les Lettres Patentes données fur icelui furent enrégiftrés le 3 de Janvier 1693. *(1692. Réunion de ces Offices à la Communauté des Procureurs au Parlement.)*

Arrêt du Confeil du 27 Juin 1693, contenant Réglement entre les Avocats Généraux & le Procureur Général de ce Parlement. *(1693. Réglement entre les Avoc. Gén. & le Proc-Général.)*

Déclaration du Roi du 25 Juillet 1693, portant que le droit des Greffiers du Sceau fera payé fur les Arrêts & exécutoires qui feront fcellés. Enregiftrée par Arrêt du 14 Aout de la même année. *(1693. Greffiers du Sceau.)*

Edit du Roi du mois de Mars 1694, contenant création en ce Parlement de fix Offices de Controlleurs de taxes des dépens. Enregiftré par Arrêt du 30 Avril de la même année. *(1694. Controlleurs des taxes de dépens.)*

Le Roi par Arrêt de fon Confeil du 22 de Fevrier 1695, & Lettres Patentes données fur icelui au mois de Mars de la même année, réunit à la Communauté des Procureurs du Parlement, les fix Offices de Controlleurs des taxes de dépens créés par Edit du mois de Mars 1694. Ces Lettres furent enrégiftrées par Arrêt du 26 de Mars de la même année. *(1695. Réunion des Offices de Controlleurs des taxes de dépens à la Communauté des Procur.)*

Edit du mois de Mars 1695, contenant rétabliffement des Préfentations des Demandeurs qui avoient été fuprimées par l'Ordonnance du mois d'Avril 1697. Enregiftré par Arrêt du 28 Juillet 1695. *(1695. Préfentation des Demandeurs.)*

Déclaration du Roi du mois de Fevrier 1696, concernant le Reffort des Apellations fimples ou comme d'abus des Sentences renduës par les Officiers Ordinaires & Métropolitains du Diocèfe ou de l'Archevêché de Lyon dans le Reffort de ce Parlement. Enregiftrée par Arrêt du 23 Juin de la même année. *(1696. Reffort des Apellations fimples ou comme d'abus.)*

Arrêt du Confeil du 23 Mai 1696, qui maintient les fix plus anciens Procureurs de ce Parlement au droit de Committimus. *(1696. Committimus des Procureurs.)*

Edit du mois d'Aout 1696, portant création d'Offices de Controlleurs des Commiffaires aux faifies réelles dans toutes les Cours & Jurifdictons du Royaume. Enregiftré par Arrêt du 18 Septembre de la même année. *(1696. Controlleurs des faifies réelles.)*

Déclaration du Roi du 12 Mars 1697, fur les fonctions, droits & priviléges attribués aux Maires de la Province de Bourgogne. L'Article II. porte que l'apel des Sentences & Jugements, tant pour le rang & féance des Echevins & autres Officiers municipaux qu'autrement, fera porté au Parlement, de même que l'apel des informations concernant les brigues, monopoles, féditions & autres troubles qui pouroient fe commettre dans les Affemblées. Enregiftrée par Arrêt du 23 Juillet de la même année. *(1697. Apel des Jugements des Officiers municipaux, doit être porté à la Cour.)*

1698.
Réglement de la Cour.

Déclaration du Roi du mois de Juillet 1698, en interprétation du Réglement fait pour ce Parlement le 10 Novembre 1662, & des Articles convenus & arrêtés en la Cour au mois de Mars 1663. Enregiftrée par Arrêt du 14 Aout 1698.

1693.
Hubert Boillot & Philibert Guyton Commis Greffiers Civil & Criminel.

Par Lettres de Commiffions datées de Paris le 14 de Mars 1693, Hubert Boillot & Philibert Guyton furent nommés Commis Greffiers Civil & Criminel entrants dans les Chambres, & furent reçûs en ces qualités le 9 d'Avril fuivant, fur les nominations d'Etienne Maletefte Confeiller au Parlement, & d'Antoine Joly Greffier en Chef Criminel, tant poux eux que pour les autres Propriétaires du Greffe du Parlement.

1699.
Supreffion des Greffiers en Chef.

Par autre Edit donné à Verfailles au mois de Décembre 1699, le Roi fuprima tous les Offices de Greffiers en Chef au Parlement, créés par Edits de 1672, 1673, & autres des années 1689, 1691, 1695 & 1696, & réunit tous les droits & revenus en dépendants à fon Domaine, & révoqua la Déclaration du 10 Mars 1699, enrégiftrée le 9 de Janvier 1700; & par Lettres du 13 de Mai 1701 commit pour la vacance Jean-Daniel Degeftes pour faire les fonctions de Greffier en Chef Civil & Criminel créé par Edit du mois de Décembre 1699, avec difpenfe pour exercer ledit Office, quoiqu'il ne fut pas revêtu d'un Office de Confeiller-Sécretaire du Roi, Maifon & Couronne de France, & il fut reçû fans information le 19 de Novembre 1701.

Par autres Lettres du 13 Mars 1702, régiftrées le 27 Avril fuivant, il fut continué en ladite Commiffion.

1702.
Table de Marbre en dernier Reffort.

Edit du mois de Juin 1702, portant attribution aux Officiers de la Table de Marbre du Palais à Dijon, de la Juridiction en dernier Reffort, pour l'exercer avec les Officiers de la Cour. Enregiftré par Arrêt du 14 Octobre de la même année.

1703.
Adreffe des Lettres de Rémiffion, pardon, &c. obtenuës par des Roturiers.

Déclaration du Roi du 27 Fevrier 1703, portant que l'Article XXXV. de l'Ordonnance de Moulins, & l'Article CLXXXXIX. de l'Ordonnance de Blois feront exécutés felon leur forme & teneur, & en conféquence que, conformément aufdits Articles, l'adreffe des Lettres de Rémiffion, Pardon & autres de femblables qualités obtenuës par des perfonnes de condition roturiére, foit faite aux Baillis & Sénéchaux Royaux, reffortiffants nuëment és Cours de Parlement, dans le Reffort defquelles le crime aura été commis, fans que lefdits Baillis & Sénéchaux des lieux où il y a Siége Préfidial puiffent prétendre que l'adreffe leur en doive être faite, fi ce n'eft lorfque le crime aura été commis dans le Reffort de leur Bailliage ou Sénéchauffée; dérogeant à cet égard en tant que befoin feroit, à la difpofition de l'Art. XIII. du Tit. VI. de l'Ordonnance du mois d'Aout 1670, & de tous autres Edits & Déclarations à ce contraires. Sa Majefté veut néanmoins que dans le cas où le crédit des accufés feroit à craindre dans le Bailliage dans le Reffort duquel le crime aura été commis, les Lettres de Rémiffion & autres de femblable nature, puiffent être adreffées au Bailliage ou à la Sénéchauffée la plus prochaine non fufpecte; ce qui n'aura lieu qu'à l'égard des Lettres qui doivent être fcellées en la Grande Chancellerie. Enregiftrée par Arrêt du 11 Mai 1703.

Déclaration du Roi du 4 Mai 1703, portant que les Officiers reçûs en furvivance en des Offices de Judicature, en quelque Cour & Juridiction que ce foit, ne pourront en exercer aucune fonction, ni avoir entrée, rang, féance, ni voix délibérative, qu'après la mort ou la démiffion pure & fimple des Réfignants, à moins qu'il ne foit autrement porté par leurs Provifions. Enregiftrée par Arrêt du 9 Juin de la même année.

1703. Officiers reçûs en furvivance.

Déclaration du Roi du 2 Octobre 1703, portant que les Tréforiers de France du Bureau des Finances à Dijon, connoîtront en premiére inftance & privativement à tous autres Juges, de tous les procès & différends qui feront intentés pour raifon du Domaine de Sa Majefté, & jugeront définitivement & en dernier Reffort, jufqu'à 250 livres pour une fois payer, & jufqu'à 10 livres de rente en fonds, & le double defdites fommes par provifion, fauf l'apel au Parlement. Enregiftrée par Arrêt du 18 du même mois.

1703. Connoiffance du Domaine de S. M. attribuée au Bureau des Finances.

Edit du mois de Fevrier 1704, portant fupreffion du Siége & Juridiction de la Table de Marbre établie près ce Parlement, & de tous les Officiers qui la compofoient; & création d'une Chambre pour juger en dernier Reffort toutes les Inftances, Procès civils & criminels concernant les Eaux & Forêts. Enregiftré par Arrêt du 18 Avril de la même année.

1704. Supreffion de la Table de Marbre, & création d'une Chambre d'Eaux & Forêts.

Edit du mois de Mars 1704, portant création d'Offices de Syndics Perpétuels dans chacune Communauté des Procureurs & Huiffiers des Parlements & autres Juridictions Royales. Enregiftré par Arrêt du 27 Mai de la même année.

1704. Syndics Perpétuels des Procureurs & Huiffiers.

Arrêt du Confeil d'Etat du 17 Juin 1704, qui enjoint aux Procureurs de ce Parlement de poftuler au Bureau des Finances.

Procureurs à la Cour poftuleront au Bureau des Finances.

Par Lettres en forme d'Edit données à Verfailles au mois de Novembre 1704, Sa Majefté réunit au Corps & Communauté des Procureurs & Huiffiers, les Offices de Syndics Perpétuels créés par Edit du mois de Mars de la même année. Ces Lettres furent enrégiftrées par Arrêt du 3 Fevrier 1705.

1704. Réunion des Syndics Perpétuels aux Corps des Procureurs & Huiffiers.

Edit du mois de Décembre 1704, portant établiffement de peines contre les Officiers de Robe qui commettront des voies de fait. Enregiftré par Arrêt du 8 Mai 1705.

Officiers qui commettront des voies de fait.

Edit du mois de Fevrier 1705, contenant révocation de la Chambre des Eaux & Forêts de Dijon, & rétabliffement du Siége de la Table de Marbre en dernier Reffort. Enregiftré par Arrêt du 15 Juin de la même année.

1705. Rétabliffement de la Table de Marbre.

Edit du mois de Fevrier 1705, portant attribution aux Huiffiers des Parlements, Requêtes du Palais & autres Juridictions Royales,

1705. Attribution de 6 d. aux Huiff.

de fix deniers par fignification de Procureur à Procureur. Enregiftré par Arrêt du 8 Mai de la même année.

1705.
Supreffion des Charges de Gardes des Sceaux.

Par Lettres Patentes en forme d'Edit, qui furent enrégiftrées en cette Cour le fix de Mars 1705, le Roi fuprima les titres & fonctions de Gardes des Sceaux des Chancelleries près les Cours, qui étoient unies à un Office de Confeiller Laïc aufdites Cours, & créa en chacune defdites Chancelleries, un Office de Confeiller-Garde des Sceaux, pour faire les mêmes fonctions que faifoient les Gardes des Sceaux fuprimés par le même Edit, fans toutefois avoir entrée ni rang & féance dans lefdites Cours.

1705.
Création de deux Confeillers-Sécretaires dans toutes les Cours Souveraines.

Le Roi par fon Edit en forme de Déclaration, donné à Fontainebleau au mois de Mars 1705, créa en titre d'Offices deux Confeillers-Sécretaires dans toutes les Cours Souveraines du Royaume, outre le nombre de ceux qui étoient établis, avec attribution des mêmes privileges dont joüiffent les Confeillers-Sécretaires des Chancelleries près lefdites Cours, avec le droit de figner les Arrêts & porter la même Robe que les Greffiers en Chef, & de fiéger au-deffous d'eux dans les Cours & en toutes Affemblées & Cérémonies générales & particulieres. Cet Edit fut enrégiftré par Arrêt du 12 de Décembre 1705.

En conféquence de cet Edit Jean Piot Confeiller d'Honneur au Préfidial de Langres, obtint des Provifions du Roi de l'un de ces Offices de Confeiller-Sécretaire au Parlement, par Lettres données à Verfailles le 3 de Janvier 1706, & le 26 de Fevrier fuivant, il fut inftalé & reçû audit Office, fans s'arrêter à l'opofition formée par les autres Sécretaires de la Cour, fous prétexte qu'ils avoient demandé la réünion de ces deux Offices, & à condition qu'ils ne prendroient aucuns droits au préjudice des Greffiers en Chef, ni fur les Parties, & fans qu'ils puffent avoir aucun droit d'entrer en la Chambre du Confeil.

En ladite année 1705, le 13 de Septembre, par Lettres de Provifions dattées de Verfailles, Philibert Guyton Commis au Greffe du Parlement, fervant en la Grand'Chambre, obtint des Provifions de l'un de ces Offices de Confeillers-Sécretaires de la Cour, créés par le fufdit Edit du mois de Mars 1705, & fut reçû par Arrêt, les Chambres confultées, le 27 du mois de Fevrier 1706, aux mêmes conditions des autres Sécretaires de la Cour ; fans avoir égard à la même opofition.

1705.
Augmentation de gages aux Officiers Vétérans & à leurs Veuves.

Edit du mois de Juin 1705, portant attribution d'augmentation de gages aux Officiers Vétérans & à leurs Veuves. Enregiftré le 12 Aout de la même année.

Réunion au Corps des Procureurs des 6 d.

Par Déclaration du Roi donnée à Verfailles le 28 de Novembre 1705, S. M. réünit au Corps & Communauté des Procureurs au Parlement, fix deniers par chaque fignification de Procureur à Procureur, qui avoient été attribués aux Huiffiers de la Cour, moyennant finance. Cet Edit fut enrégiftré le 5 Fevrier 1706.

Par autre Déclaration du Roi du 15 de Juin 1706, S. M. or- | **1706.**
donna qu'en par le Sieur Philippe Fyot de la Marche Préfident à | *Rétabliffement*
Mortier, & Titulaire de l'Office de Garde des Sceaux fuprimé, | *de la Charge*
prenant de nouvelles Provifions de l'Office de Garde des Sceaux | *de Garde des*
créé par le fufdit Edit, & payant vingt mille livres, il en joüiroit | *Sceaux, en fa-*
fous le titre de Confeiller du Roi Garde des Sceaux en la Chan- | *veur de M.*
cellerie près le Parlement, auquel l'Office de Confeiller Laïc créé | *Fyot de la*
par Edit du mois de Décembre 1553, feroit & demeureroit tou- | *Marche.*
jours uni & incorporé, fans qu'à l'avenir il en pût être défuni;
avec la faculté audit Sieur Fyot, & fes fucceffeurs audit Office,
d'avoir entrée, féance & voix délibérative, tant aux Audiences
que Chambre du Confeil, & Chambre des Vacations, encore qu'ils
ne foient pas nommés dans les Commiffions néceffaires pour tenir
ladite Chambre des Vacations, ainfi que ledit Sieur Fyot en a
joüi par le paffé, avec les autres Confeillers ordinaires en ladite Cour;
fans néanmoins qu'ils puiffent prétendre aucunes fonctions ni avan-
tages, foit pour les Entrées par Commiffaires, Commiffions &
Raports des procès, ni participer aux émolumens qui en provien-
dront; aux gages effectifs de mil livres, dont le fond fera fait annuellement dans l'état des Gages des Officiers dudit Parlement, outre les anciens Gages & droits dont il joüiffoit en ladite qualité
de Garde des Sceaux avant ledit Edit du mois d'Octobre 1704;
& en conféquence, il obtint de nouvelles Provifions données à Verfailles le 2 de Janvier 1707, qui furent enrégiftrées par Arrêt du
11 du mois de Mars fuivant.

Edit du mois de Mai 1708, contenant création de douze Offices | **1708.**
de Procureurs poftulants à la Table de Marbre. Enregiftré par Arrêt | *Création de*
du | *Procureurs à la*
  | *Table de Mar-*
  | *bre.*

Déclaration du Roi du 25 Aout 1708, concernant les avis des Of- | *Avis des Offi-*
ficiers qui fe trouvent parents ou aliés. Enregiftrée par Arrêt du | *ciers parents ou*
  | *aliés.*

Déclaration du Roi du mois de Mars 1709, contenant réunion à | **1709.**
la Communauté des Procureurs de la Cour des douze Offices de | *Réunion des*
Procureurs poftulants, créés à la Table de Marbre au mois de Mai | *Procureurs à la*
précédent. Enregiftrée par Arrêt du 31 Mai 1709. | *Table de Mar-*
  | *bre.*

Déclaration du Roi du 11 Aout 1709, portant que dans les Rémif- | **1709.**
fions qui auront été fcellées du grand Sceau, fi les circonftances ré- | *Lettres de*
fultantes des charges & informations fe trouvent différentes de celles | *Rémiffion.*
portées par l'expofé defdites Lettres, enforte qu'elles changent la qualité de l'action ou la nature du crime, en ce cas les Cours & Juges aufquels l'adreffe en aura été faite, ayent à furfeoir le Jugement & l'entérinement, jufqu'à ce qu'ils ayent reçû de nouveaux ordres de Sa
Majefté, fur les informations qu'elle veut être inceffamment envoyées
à M. le Chancelier par les Procureurs Généraux dans les Cours, &
par fes Procureurs dans les autres Juridictions, avec les Lettres qui
auroient été accordées par le Roi; pendant lequel tems défenfes de

faire aucunes procédures, ni d'élargir les Impétrants. Au surplus la Déclaration du mois de Novembre sera exécutée selon sa forme & teneur en ce qu'il n'y est dérogé par la présente. Enregistrée par Arrêt du 10 Septembre de la même année.

1709.
Survivance accordée aux Possesseurs de certains Offices.

Edit du mois de Novembre 1709, portant que tous les Offices casuels, gages, taxations, augmentations de gages & autres droits y joints, seront à l'avenir possédés à titre de survivance, pour laquelle les nouveaux acquereurs seront tenus de payer au Roi les droits mentionnés audit Edit. Enregistré le 28 Décembre de la même année.

Déclaration du Roi du mois de Janvier 1710 sur le même sujet. Enregistrée par Arrêt du 10 Mars de la même année.

1711.
Apellation des Jugements pour fait de Chasse.

Déclaration du Roi du mois de Septembre 1711, portant que toutes les apellations, &c. des Jugements rendus par les Officiers des Maîtrises Particuliéres & par les Juges des Seigneurs, pour des crimes, excès & délits commis pour le fait & à l'occasion de la Chasse, qui prononcent des peines afflictives, soient jugées aux Siéges des Tables de Marbre par les Juges établis pour y juger en dernier Ressort : & veut que les apellations de tous les autres Jugements rendus dans les Maîtrises Particuliéres, & dans les Justices des Seigneurs pour fait de Chasse, qui ne prononceront pas des peines afflictives, ne puissent être jugées en dernier Ressort dans les Tables de Marbre, & qu'elles soient jugées és Cours de Parlement. Enregistrée le 12 Octobre de la même année.

1712.
Inspecteurs Vérificateurs des saisies réelles.

Edit du mois de Décembre 1712, portant création en titre d'Office d'Inspecteurs Vérificateurs des Régistres, Saisies & Maniment des Commissaires aux Saisies Réelles établis dans toutes les Cours & Juridictions du Royaume, aux fonctions, gages, droits, priviléges & exemptions portés par ledit Edit. Enregistré par Arrêt du 23 Février 1713.

1713.
Réglement entre le Parlement & la Chambre du Domaine.

Réglement du mois de Mars 1713, entre le Parlement & la Chambre du Domaine de Dijon, contenant quatre articles. Il faut observer que la Déclaration du Roi du 14 Mars 1717, ci-après raportée, a fait des changements sur les second & troisiéme chefs dudit Réglement.

1713.
Officiers qui n'auront atteint l'âge de 25 ans, pourront être nommés Raporteurs.

Déclaration du Roi du mois de Mai 1713, qui ordonne que les Conseillers des Cours Souveraines & les Officiers des autres Juridictions du Royaume, qui y ont été reçûs jusqu'à present, avant que d'avoir atteint l'âge de 25 ans accomplis, en vertu des dispenses que Sa Majesté leur a accordées, & ceux qui y seront reçûs dorefnavant en vertu des dispenses que Sa Majesté leur accordera, puissent être nommés Raporteurs, & qu'ils aient voix délibérative dans les procès qu'ils raporteront, de la même maniere que les autres Officiers des mêmes Compagnies & Juridictions qui ont l'âge requis par les Ordonnances, encore que les dispenses qu'ils ont obtenu & obtiendront portent expressément qu'ils n'auront voix délibérative qu'à l'âge de 25 ans accomplis, laquelle condition Sa Majesté veut seulement avoir lieu pour les affaires dont ils ne seront point Raporteurs. Enregistrée par Arrêt du 17 Juin de la même année.

Déclaration du Roi du 14 Aout 1714, contenant supreſſion des Offices d'Inſpecteurs-Vérificateurs des Régiſtres, Caiſſes & Maniment des Commiſſaires aux Saiſies Réelles. Enregiſtrée par Arrêt du 17 Novembre de la même année.

1714.
Supreſſion des Vérificateurs des Saiſies réelles.

Déclaration du Roi du mois de Septembre 1715, portant que lorſque Sa Majeſté adreſſera à ſes Cours de Parlements, Chambres des Comptes & Cours des Aides, des Ordonnances, Edits, Déclarations & Lettres Patentes émanées de ſa ſeule autorité & propre mouvement, avec ſes Lettres de Cachet portant ſes ordres pour les faire enrégiſtrer, leſdites Cours avant que d'y procéder, puiſſent repreſenter à Sa Majeſté ce qu'elles jugeront à propos pour le bien public du Royaume, & ce dans la huitaine au plus tard du jour de la Délibération qui en aura été priſe, pour les Compagnies qui ſe trouveront dans le ſéjour de Sa Majeſté, & dans ſix ſemaines pour les autres qui en ſeront plus éloignées, ſinon & à faute de ce faire dans ledit tems, il y ſera pourvû ainſi qu'il apartiendra ; dérogeant à cet égard à toutes Ordonnances, Edits & Déclarations à ce contraires. Enregiſtrée par Arrêt du 13 Juin 1716.

1715.
Les Cours Souveraines pourront faire des remontrances au Roi, avant l'enregiſtrement des Edits, &c.

Lettres Patentes ſur Arrêt du Conſeil d'Etat du mois d'Avril 1716, contenant Réglement pour la diſtribution des Epices & Vacations de ce Parlement. Enregiſtrées par Arrêt du 15 Mai de la même année.

1716.
Diſtribution des Epices.

Edit du mois d'Aout 1716, portant ſupreſſion des Offices de Tiers-Référendaires, Vérificateurs & Raporteurs des defauts, Receveurs & Controlleurs des Amandes, Epices & Vacations, Greffiers, Gardes-Conſervateurs des minutes des Arrêts, Sentences, Jugements & autres Actes des Cours & Juridictions, Controlleurs des Déclarations de dépens, Syndics des Communautés de Procureurs & Huiſſiers, Gardes & Dépoſitaires des Archives des Cours & Juridictions y reſſortiſſantes, & de partie des droits attribués auſdits Offices. Enregiſtré par Arrêt du 26 Octobre de la même année.

1716.
Supreſſion de différents Offices.

Déclaration du Roi du mois de Mai 1717, portant que les Cours de Parlement recevront les apellations des Jugements tant interlocutoires, préparatoires que définitifs, ſans aucune diſtinction, qui ont été ou ſeront rendus par les Tréſoriers de France établis dans le Reſſort de chacune deſdites Cours, pour être ſtatué ſur ledit apel en la maniere accoutumée, comme avant l'Edit du mois de Fevrier 1704, à la charge par leſdites Cours de ſe conformer exactement à la diſpoſition de l'Art. II. du Tit. VI. de ſon Ordonnance du mois d'Avril 1667 ; & ſeront en cas d'apel leſdits Jugements des Tréſoriers de France, exécutés par proviſion, lorſqu'il s'agira de la perception ou recouvrement des droits du Roi tant anciens que nouveaux, & que le fond du droit ne ſera pas conteſté ; comme auſſi en matiere de Voirie, & généralement dans tous les cas dans leſquels, ſuivant les diſpoſitions des Ordonnances de Sa Majeſté & de celles des Rois ſes Prédéceſſeurs, les Jugements deſdits Tréſoriers de France & autres Juges qui connoiſſent des droits de ſes Fermes, ſont exécutoires nonobſtant l'apel. Sa Majeſté veut

1717.
Apellation des Jugements des Tréſoriers de France, ſeront reçûes au Parlement.

f

au furplus que fon Edit du mois de Fevrier 1704 foit exécuté felon fa forme & teneur dans tous les points aufquels il n'eft point dérogé par ces préfentes. Enregiftrée par Arrêt du 5 Juin 1717.

1718.
Evocation au Grand Confeil des caufes de l'Ordre de Cluny.

Lettres Patentes du 27 Aout 1718, par lefquelles le Roi évoque & renvoie au GrandConfeil toutes les caufes de l'Ordre de Cluny ; permet de fe pourvoir en premiére inftance pardevant les Juges des lieux, à la charge & en ce cas d'y procéder jufqu'à Jugement définitif inclufivement, fauf l'apel au Grand Confeil. Le Roi excepte de ladite évocation tous les procès concernans les arrérages des cens , rentes & redevances qui pouroient être dûs , lorfqu'il ne s'agira point de mouvance ni de fonds de rentes , lefquels procès feront inftruits & jugés pardevant les Juges Royaux ordinaïres.

1721.
Reglement entre le Parlement & le Bailliage.

Arrêt du Confeil d'Etat & Lettres Patentes, des 11 Mai & premier Juin 1721 , portant Réglement entre le Parlement , le Préfidial , le Bailliage & Chancellerie de Dijon. Enregiftrés par Arrêt du 19 Juillet de la même année.

1722.
Entrée, féance & voix délibérative des Officiers Vétérans.

Arrêt du Confeil d'Etat & Lettres Patentes, des 4 & 20 Juillet 1722, concernant l'entrée, féance & voix délibérative des Officiers Vétérans de la Cour, tant aux Audiances que Chambre du Confeil & autres Affemblées publiques & particuliéres de la Compagnie. Enregiftrés par Arrêt du 8 Aout de la même année.

1722.
Révocation de la furvivance.

Déclaration du Roi du mois d'Aout 1722 , contenant révocation de la furvivance attribuée aux Officiers par l'Edit du mois de Décembre 1709 & autres fubféquens , & rétabliffement du prêt & de l'annuel, à l'exception des Charges de Préfidents , Confeillers , Avocats , Procureurs Généraux & Greffiers en Chef de la Cour, qui font confirmés dans ce droit de furvivance. Enregiftrée par Arrêt du 11 Fevrier 1723.

1723.
Rangs & honneurs des Princes Légitimés.

Déclaration du Roi du mois d'Avril 1723 , concernant les rangs & honneurs des Princes Légitimés, dans les Cours de Parlement. Enregiftrée le 16 Juillet de la même année.

1723.
Lettres de Rémiffion & Lettres de Refcifion.

Déclaration du Roi du 22 Mai 1723 , concernant les Lettres de Rémiffion & de Refcifion qui s'expédieront dans les Chancelleries près les Cours Souveraines , par laquelle il eft ordonné, entre autres difpofitions, qu'il ne fera expédié aucunes Lettres de *Rémiffion* dans lefdites Chancelleries , fi ce n'eft pour les homicides purement involontaires , & arrivés par cas fortuit , où dans les cas où ceux qui les auront commis y auront été contraints par la néceffité d'une légitime défenfe , & pour éviter un péril évident de la vie , fans qu'il y ait eû aucune querelle qui ait pû y donner occafion. Que dans les Lettres de *Refcifion* qui feront expédiées & fcellées éfdites Chancelleries , il ne fera inféré aucunes claufes de relief , foit de laps de tems ou de fin de non-recevoir , acquiefcements , confentements , actes aprobatifs & autres femblables claufes infolites & contraires aux Ordonnances, à peine de nullité defdites Lettres ; & que toutes les expéditions qui feront préfentées au Sceau, feront vifées & fignées par le Sieur Garde des Sceaux. Enregiftrée par Arrêt du 30 Juin de la même année.

Déclaration du Roi du 20 Septembre 1723, concernant l'Univerſité de Dijon, & qui explique les droits & honneurs de Mr. le Premier Préſident, de Mrs. les autres Préſidents à Mortier, Procureur & Avocats Généraux à l'égard de la même Univerſité, & le Reſſort à la Grand'Chambre des apellations des Jugements qui ſe rendent par les Directeurs & Profeſſeurs. Enregiſtrée par Arrêt du 19 Octobre de la même année. *1723. Univerſité de Dijon.*

Déclaration du Roi du 27 Septembre 1723, qui excepte du droit de Confirmation, à cauſe de l'avénement du Roi à la Couronne, les Préſidents, Conſeillers, Procureur & Avocats Généraux, Subſtituts, Greffiers en Chef & Premier Huiſſier de la Cour. Enregiſtrée au Grand Sceau par Arrêt du 30 du même mois. *1723. Officiers exemts du droit de Confirmation.*

Déclaration du Roi du 11 Juin 1724, portant que par les Cours de Parlement, il ſera commis à la garde des Priſons des perſonnes capables qui leur feront préſentées par les Procureurs Généraux de Sa Majeſté, après qu'ils auront été informés de leurs vie & mœurs, & qu'il aura été par eux prêté le ſerment en tel cas requis & accoutumé. Enregiſtrée par Arrêt du 7 Août de la même année. *1724. Geoliers des Priſons.*

Autre Déclaration du Roi, du mois de Novembre 1724, qui ordonne que les Engagiſtes des Domaines de Sa Majeſté qui ont des Priſons compriſes dans leurs engagements, feront tenus d'entretenir leſdites Priſons de toutes réparations, & d'y pourvoir de bons & fidels Geoliers, qu'ils préſenteront aux Procureurs Généraux de ſes Cours de Parlement, & qui feront tenus de prêter devant les Juges des lieux le ſerment en tel cas requis & accoutumé, après qu'à la Requête de ſes Procureurs Généraux ou de leurs Subſtituts, il aura été informé de leurs vie & mœurs. Sa Majeſté veut que, faute par les Engagiſtes de pourvoir leſdites priſons de bons & fidels Geoliers, il ſoit pourvû à la garde d'icelles par ſes Cours de Parlement, en la maniere preſcrite par ſa Déclaration du 11 Juin audit an, & qu'il ſoit même, ſi beſoin eſt, aſſigné auſdits Geoliers tels gages qu'il apartiendra, dont le payement ſera pris par préférence ſur les revenus deſdits Domaines engagés. Enregiſtrée par Arrêt du 12 Décembre 1724. *Engagiſtes des Domaines du Roi, ſont tenus d'entretenir les Priſons qui ſont compriſes dans leurs engagemens, & de les pourvoir de Geoliers.*

Arrêt du Conſeil d'Etat & Lettres Patentes, des 7 & 17 Avril 1725, portant Réglement entre les Officiers des Requêtes du Palais à Dijon, & ceux du Bailliage & Chancellerie de la même Ville. Enregiſtrés par Arrêt du 23 Juin de la même année. *1725. Réglement entre les Requêtes du Palais & le Bailliage.*

Arrêt du Conſeil d'Etat du 7 Aout 1727, contenant Réglement entre les Officiers du Parlement, Chambre des Comptes & Tréſoriers de France à Dijon. Enregiſtré avec les Lettres Patentes du 13 Octobre ſuivant, par Arrêt du *1727. Réglement entre le Parlement, Chambre des Comptes & Tréſoriers de France.*

Déclaration du Roi du 30 Septembre 1728, en interprétation des Edits de 1669 & 1681, portant que les voix des Officiers des Cours & Siéges, tant Titulaires, Honoraires que Vétérans, qui ſont parents au degré y mentionné, ne feront comptées que pour une quand elles feront uniformes. Enregiſtrée par Arrêt du 16 Décembre de la même année. *1728. Voix des Officiers parents.*

1729.
Instances concernant l'usurpation des tit. de Noblesse.

Déclaration du Roi du 8 Octobre 1729, qui renvoie aux Cours des Aides les instances indécises, concernant l'usurpation du Titre de Noblesse. Enregistrée par Arrêt du 22 Novembre de la même année.

1731.
Cas Prevotaux ou Présidiaux.

Déclaration du Roi du mois de Fevrier 1731, sur les cas Prevotaux ou Présidiaux, contenant les cas dont la Cour doit connoître à leur exclusion. Enregistrée par Arrêt du 14 Mars de la même année.

Discipline des Avocats.

Arrêt de la Cour du 2 Aout 1731, portant Réglement sur les fonctions & la discipline des Avocats.

1732.
Entrée, rang & scéance de M. l'Evêque de Dijon.

Lettres Patentes du 28 Mars 1732, portant que M[r]. l'Evêque de Dijon & ses successeurs Evêques auront entrée, rang & scéance comme Conseillers d'Honneur en ce Parlement, & que comme Evêques Diocésains, ils y précéderont tous autres Conseillers d'Honneur, présens & à venir, même les autres Evêques qui n'y auroient rang & scéance qu'en la même qualité de Conseillers d'Honneur, quoique plus anciens dans l'Episcopat, ou reçûs & installés en la Cour avant ledit Sieur Evêque de Dijon & ses successeurs audit Evêché. Enregistrées par Arrêt du 22 Avril de la même année.

OFFICIERS DU PARLEMENT
DE BOURGOGNE
QUI RENDENT A PRESENT LA JUSTICE
és Grand'Chambre , Tournelle, Enquêtes & Chambre des Requêtes, mis par ordre de leurs réceptions.

PRESIDENTS.

Onfieur de Berbifey *Premier Préfident*·

M. de la Mare.

M. Legouz.

M. Gagne de Perigny.

M. Bouhier.

M. Demigieu.

M. Fyot de la Marche.

M. Perreney de Grosbois.

M. Catherin du Port.

M. Languet Robelin.

CONSEILLER NE'.

M. Pernot , *Abbé de Cîteaux.*

CHEVALIER.

M. de Vienne.

CONSEILLER D'HONNÉUR.

M. Languet Robelin de Rochefort.

CONSEILLERS.

M. Pouffier , *Doyen.*

M. Perard de la Vaivre.

M. Derequelaine , *Commiffaire aux Requêtes.*

M. Lantin.

M. Joly de la Borde.

M. Bouhier de Lantenay.

M. Quarré de Dracy.

M. Guye de l'Abergement.

M. Rigoley de Chevigny.

M. Vitte.

M. Denizot , *Préfident aux Requêtes.*

M. Thomas.

M. Chartraire de Givry.

M. Guye de Vornes.

M. de la Mare.

M. Fijan *l'aîné.*

M. Champion de Nanfoutil.

M. de Clugny.

M. Bouhier *puîné*.

M. de Macheco.

M. Fijan *puîné*, *Commissaire aux Requêtes*.

M. Perard *puîné*, *Commissaire aux Requêtes*.

M. Surmain, *Commiss. aux Req.*

M. Burteur.

M. David.

M. Bernard.

M. Verchere.

M. Normant *l'aîné*.

M. de Clugny de Nuys.

M. de la Loge.

M. Fleutelot.

M. Richard.

M. Comeau.

M. Jehannin *l'aîné*.

M. Jehannin-Arvifet.

M. Mairetet.

M. Joly de Chintré.

M. Joly de Blaify.

M. de Maillard.

M. Charpy.

M. de Mucie.

M. Lamy.

M. Leaulté, *Commiss. aux Req.*

M. Leclerc, *Commiss. aux Req.*

M. Efpiard de la Cour.

M. Gagne de Poüilly.

M. Efpiard-Humbert.

M. Quarré d'Eftroye.

M. Mille, *Commiss. aux Req.*

M. Rollet.

M. Fyot, *Garde des Sceaux*.

M. Cœurderoy, *Préfident aux Requêtes*.

M. Bazin.

M. Dagonneau.

M. Cothenot.

M. Lemulier, *Commiss. aux Req.*

M. Normant, *Commiss. aux Req.*

M. de la Briffe.

M. Maletefte.

M. Lebault.

M. Cortois-Humbert.

M. Perreney d'Athezan.

M. de Broffes.

M. Normant *puîné*.

M. Quarré de Givry.

M. Barbuot, *Commiss. aux Req.*

M. Villedieu.

M. Loppin.

M. Maublanc.

AVOCATS GENERAUX.

M. Thierry.

M. Genreau.

PROCUREUR GENERAL.

M. Quarré.

M. Quarré de Quintin, *exerçant, reçû en furvivance*.

CONTINUATION
DE L'HISTOIRE
DU PARLEMENT
DE BOURGOGNE
Depuis 1649.

❧❧❧❧❧❧❧❧❧❧❧❧❧❧❧❧❧❧❧❧❧❧❧❧❧❧❧❧❧❧

PREMIERS PRESIDENS.

CHAPITRE PREMIER.

OUIS LAISNE', Chevalier, Seigneur de la Marguerie, Conseiller du Roi en ses Conseils, Premier Président au Parlement & Cour des Aides de Bourgogne, fut pourvû de cette Charge par Lettres de Provisions données à Paris le 7 Janvier 1654, après la mort de Jean Bouchu, & fut reçû le 26 du même mois : il avoit auparavant exercé l'Office de Maître des Requêtes ordinaire de l'Hôtel, & l'Intendance en cette Province. Il rendit des services importants à l'Etat, tant dans la Guienne que dans le Languedoc. Son ayeul & son pere furent décorés de la Charge de Premiers Présidents au Parlement de Provence. Le Roi lui accorda un Brevet de retenuë de cent quatre-

vingts mille livres , fur fa Charge de Premier Préfident. Il l'exerça pendant trois années , après lefquelles ayant été rapellé auprès de la Perfonne du Roi , & honoré de la Charge de Confeiller d'Etat , il réfigna celle de Premier Préfident en faveur de Nicolas Bruflart fon gendre.

Il eft mort à Paris en 1681 , & a été inhumé dans l'Eglife des Religieufes Carmélites du Marais , en la Chapelle où eft fa fépulture.

Il portoit *d'argent à la Fafce de fable , accompagnée de trois Molettes d'éperons de même.*

NICOLAS BRUSLART , Chevalier , Confeiller du Roi en fes Confeils , Marquis de la Borde , Baron de Sombernon , de Couches & de Malain , Seigneur de Muffey , Leloffe , Travoify & Chameffon , Premier Préfident au Parlement & Cour des Aides de Bourgogne & Breffe , fut pourvû de cette Charge par la réfignation de Loüis Laifné de la Marguerie ; les Lettres de Provifions lui en furent expédiées à Paris le 15 Fevrier 1657 ; il fut reçû le 17 du mois d'Avril fuivant , à l'âge d'environ 33 ans : il avoit été précédemment pourvû d'une Charge de Préfident à Mortier dans le même Parlement, qu'il réfigna en faveur de François-Bernard Jacob.

Sa Maifon a fourni à l'Etat des Perfonnes diftinguées , tant par les fervices qu'elles lui ont rendu , que par les grands Emplois & les hautes Dignités qu'elles y ont poffédé dans la Robe & dans l'Epée, entre autres celles de Grand Chambellan , Chancelier & Garde des Sceaux de France, Secretaires & Confeillers d'Etat, Premier Préfident au Parlement de Paris , & Procureur Général au même Parlement. Son mérite perfonnel , fa pénétration , la jufteffe de fon efprit dans les affaires, & sa fermeté, le placent au rang des plus Grands Magistrats de son tems.

Le Roi lui accorda un Brevet de retenuë de la somme de deux cens mille livres, pour lui, sa Veuve, & ses Héritiers, sur la Charge de Premier Président, qu'il a exercée pendant 35 ans avec éclat.

Il est mort à Dijon le 30 du mois d'Aout de l'année 1692 : il parut par les regrets universels qu'on témoigna à sa mort, combien il étoit aimé du Peuple & cher à sa Patrie.

Il est inhumé dans l'Eglise des RR. Peres Cordeliers de cette Ville, en la Chapelle où est sa sépulture.

Le Pere Senamy, Religieux Capucin, prononça en présence du Parlement assemblé, son Oraison funébre, imprimée à Dijon chez Jean Ressayre, en 1692.

Il portoit *de gueules à une Bande d'or, chargée d'une Traisnée de sable, accompagnée de cinq Barillets de même.*

Cimier, *un Griffon naissant d'or.*

Suports, *deux Griffons d'or.*

Devise, *une Salemandre d'or dans des Flammes de gueules;* Et pour ame de cette Devise ces mots, INCONSUMPTIBILIS ARDET.

PIERRE BOUCHU, Chevalier, Seigneur de Pluvié, Conseiller du Roi en ses Conseils, Premier Président au Parlement & Cour des Aides de Bourgogne & Bresse, a été pourvû de cette Charge vacante par le décès de Nicolas Bruslart, en vertu de Lettres de Provisions qui lui furent expédiées à Versailles le 27 Juin 1693, & il y fut reçû le 4 du mois d'Aout suivant.

Il exerça la Charge de Conseiller pendant plus de 24 ans;

enfuite celle de Premier Préfident en la Chambre des Comptes de cette Province, dont il éloit pourvû lorfqu'il fut revêtu de celle de Premier Préfident au Parlement, qu'il exerça pendant 22 années, avec toutes les qualités d'un Grand Magiftrat, aufquelles il joignit celle d'une éminente piété.

Il eut des bienfaits du Roi une penfion de huit mille livres, & un Brevet de retenuë de cent vingt mille livres fur la Charge de Premier Préfident.

Il eft mort à Dijon le 28 du mois d'Aout 1715, & a été inhumé dans l'Eglife des RR. Peres Carmes, dans la Chapelle où eft fa fépulture.

Il portoit *d'azur au Chevron d'or accompagné en chef de deux Croiffants d'argent, & en pointe d'un Lion d'or.*
Cimier, *un Lion naiffant d'or.*
Suports, *deux Lions d'or.*

JEAN DE BERBISEY, Chevalier, Baron de Vantoux, Seigneur de Belleneuve, Rufey, & Hauteville, Confeiller du Roi en fes Confeils, Premier Préfident au Parlement & Cour des Aides de Bourgogne & Breffe.

Le Roi après le décès de Pierre Bouchu, honora ledit Sieur de Berbifey de cette éminente Charge, par Lettres de Provifions données à Vincennes le 19 Novembre 1715; il prêta ferment entre les mains du Roi le 11 Décembre fuivant, & fut reçû le 13 Janvier 1716.

Il étoit alors revêtu d'une Charge de Préfident à Mortier au même Parlement, après avoir exercé pendant dix années avec diftinction, celle de Confeiller en la même Cour.

Sa defcendance d'Ayeux Illuftres, & déja recommandables fous les Ducs de Bourgogne, jointe à fes fervices & à ceux de fes Ancêtres, qui ont poffedé les principales Charges de la Compagnie dès l'établiffement du Parlement jufqu'à préfent, déterminérent le Roi au choix de cet Illuftre Magiftrat, & ce choix fut aplaudi du Public.

Je parlerois ici de fes vertus, fi fa grande modeftie ne m'avoit impofé filence.

Il porte *d'azur à une Brebis paiffante d'argent.*

Cimier, *une Sireine d'argent, tenant un Peigne d'or de la main droite, & un Miroir de l'autre.*

Suports, *deux Sireines.*

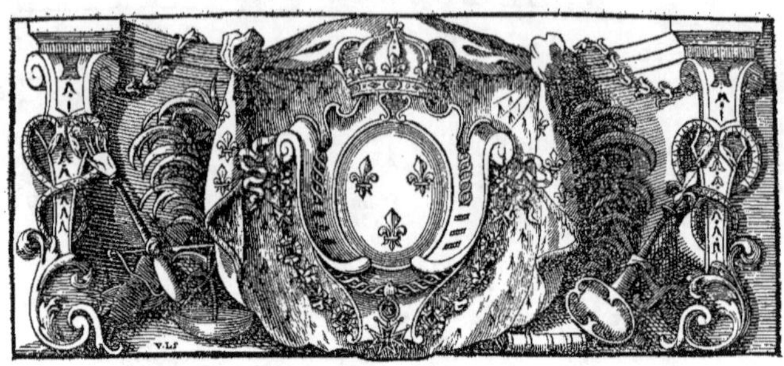

PRESIDENTS A MORTIER.
CHAPITRE II.

ICOLAS BRUSLART, Chevalier, Conseiller du Roi en ses Conseils, Marquis de la Borde, Baron de Malain, de Sombernon & de Couches, Seigneur de Mussey, Lelosse, Travoisy & Chamesson, Président à Mortier au Parlement, fut pourvû de cette Charge par Lettres de Provisions dattées de Paris le 15 Décembre 1649, sur la résignation de Denis Bruslart son pere, & fut reçû le 15 Juillet 1650 : il a exercé cette Charge pendant 7 ans, & la résigna ensuite entre les mains du Roi en faveur de François-Bernard Jacob ; Sa Majesté l'ayant dispensé de la clause portée par ses Provisions, de ne pouvoir exercer cette Charge pendant dix années, il fut de nouveau reçû par Arrêt du 18 Novembre de la même année 1650 : Il fut ensuite pourvû de la Charge de Premier Président. Voyés ci-devant page 2.

BERNARD BERNARD, Chevalier, Seigneur de Sassenay, Conseiller du Roi en ses Conseils, Président à Mortier au Parlement, fut pourvû de cette Charge par la résignation de Jean de la Croix de Chevrieres ; il en obtint les Provisions à Paris le 28 Octobre 1652, & fut reçû le 16 du mois de Novembre suivant, après avoir exercé la Charge de Conseiller au Parlement de Grenoble pendant 20 années. Il mourut à Dijon le 30 du mois de Janvier 1682, après 30 années d'exercice dans celle de Président au Parlement. Il est inhumé dans l'Eglise Paroissiale de S. Michel, dans la Chapelle où est sa sépulture.

Il portoit *d'azur à une Fasce d'or, chargée d'une Molette d'éperon d'azur, accompagnée en chef de deux Coutelas d'argent, posés en sautoir, les Croisées & Poignées d'or, & en pointe un Étendard d'argent posé en bande, lancé & ferré d'or.*

Suports, *deux Sangliers de sable.*

Et pour Devise ces mots : ET BELLO ET PACE.

PIERRE BAILLET, Chevalier, Conseiller du Roi en ses Conseils, Président à Mortier au Parlement, fut pourvû de cette Charge vacante par la mort de Lazare Robelin son beau-pere; les Lettres de Provisions qui lui en furent expédiées à Paris, sont du 15 Décembre 1652 : quoiqu'il n'eut ni l'âge ni les services requis pour posséder cette Charge, le Roi lui accorda des dispenses de l'un & de l'autre, par Lettres données à Paris le 16 Décembre 1652, & il fut reçû le dixiéme du mois de Fevrier 1653 : il avoit été précédemment trois ans Conseiller Laïc au Parlement : après 22 années d'exercice il fit sa démission en faveur de Claude de Souvert; le Roi lui accorda des Lettres de Président Honoraire, dattées de Versailles le 15 Mars 1674, elles furent enrégistrées le 5 Décembre 1675 : il est mort le 23 Décembre 1705 dans sa Terre d'Issurtille, où il est inhumé.

Il portoit *d'argent à trois Chardons de gueules, feüillés & foutenus de finople.*

Cimier, *une Tête de Licorne d'argent.*

Suports, *deux Licornes de même.*

Et pour Devife ces mots, NON OMNIBUS IDEM.

FRANÇOIS-BERNARD JACOB, Chevalier, Confeiller du Roi en fes Confeils, Seigneur de Courgy, Buffon, & la Motte de Quetigny, Préfident à Mortier au Parlement, fut pourvû de cette Charge par la réfignation de Nicolas Bruflart ; il en obtint les Lettres de Provifion à Paris au mois de Septembre 1657 : il n'avoit ni l'âge ni les fervices requis pour exercer cette Charge ; mais il en fut difpenfé par le Roi, & il fut reçû le 5 Mai 1657 : il a préfidé pendant 22 ans à la Chambre de la Tournelle : il mourut en fa Terre de Courgy le 8 du mois d'Octobre 1704 : il ordonna pendant le cours de fa maladie, que fon corps fût aporté après fon décès en l'Eglife de S. Michel de Dijon ; il y eft inhumé dans une Chapelle qu'il a fait conftruire ; il a fondé pour la défervir quatre Chapelains Mépartiftes dans cette Paroiffe, qui font chargés de dire chaque jour & perpétuellement quatre Meffes baffes : Il y a dans cette Chapelle un Marbre qui rapelle la dotation & les charges de cette Fondation. C'eft Pierre-François Bernard Legrand qui lui a fuccédé en cette Charge, qui lui avoit été réfignée en furvivance dès l'année 1685.

Il portoit *de gueules au Rencontre de Cerf d'or, sommé de cinq piéces.*

Suports, *deux Cerfs de même.*

BENIGNE BOUHIER, Chevalier, Seigneur de Savigny sous Beaune, Conseiller du Roi en ses Conseils, Président à Mortier, fut pourvû de cette Charge à la mort de Bernard Desbarres ; ses Lettres de Provisions lui furent données à Paris le 28 Juillet 1665, il fut reçû le 5 du mois d'Aout suivant, & après 24 années d'exercice, il résigna en faveur d'Antide de Migieux : Le Roi lui accorda des Lettres de Président Honoraire, dattées de Paris du 24 Mars 1689, avec rang, sceance & voix délibérative ; ces Lettres furent régiſtrées le 8 Mars suivant. Il eſt mort à Dijon le 18 du mois d'Avril 1703, & a été inhumé en l'Egliſe de S. Etienne de la même Ville, dans la Chapelle où eſt ſa ſépulture.

Il portoit *d'azur au Bœuf d'or.*
Cimier, *une Tête de Bœuf d'or.*
Suports, *deux Levriers d'argent, accolés de gueules, bouclés &*
cloüés d'or.

JEAN FYOT DE LA MARCHE, Chevalier, Baron
de Montpont, Seigneur de la Marche, Montjay & Clémencey, Conseiller du Roi en ses Conseils, Président à Mortier,
& Garde des Sceaux en la Chancellerie près le Parlement, fut
pourvû de ces deux Charges par la résignation de Philippe Fyot
de la Marche son pere. Les Lettres de Provisions qu'il obtint pour
la premiere, lui furent expédiées à Paris le 12 du mois de Décembre
1665, & il y fut reçû le 12 du mois de Mai suivant : le 10 du mois
de Mars 1669 il obtint de nouvelles Provisions pour la Charge de
Conseiller-Garde des Sceaux, & le 22 du mois de Novembre de la
même année il y fut reçû. Il est mort en son Château de Montjay
le 4 du mois de Décembre 1674, âgé de 48 ans ; son corps fut
aporté & inhumé à Dijon dans l'Eglise Paroissiale de S. Michel,
dans la Chapelle où est sa sépulture. Antoine-Bernard Gagne a succedé à la Charge de Président, & Philippe Fyot de la Marche à celle
de Conseiller-Garde des Sceaux.

Il portoit écartelé, au premier & quatriéme *d'azur au Chevron d'or, accompagné de trois Lozanges de même*, qui est de Fyot; au second & troisiéme *de sable à trois Bandes d'or*, qui est de la Marche, dont Mrs. Fyot sont héritiers.

Cimier, *un Ange à demi-corps, revêtu d'une Cotte d'Armes blasonnée d'azur, au Chevron d'or, accompagné de trois Lozanges de même.*

Suports, *deux Lyons.*

JEAN DE BERBISEY, Chevalier, Baron de Vantoux, Seigneur de Belleneuve & Hauteville, Conseiller du Roi en ses Conseils, Président à Mortier, fut pourvû de cette Charge vacante par la mort de Claude Fremiot, en vertu de Lettres de Provisions données à S. Germain en Laye le dernier du mois de Décembre 1673. : il n'avoit ni l'âge ni les services nécessaires pour présider; mais il plût au Roi en considération de ses services, & de ceux de ses Ayeux, de l'en dispenser, & de lui accorder des Lettres de compatibilité avec plusieurs Parents qu'il avoit dans le Parlement: il fut reçû dans cette Charge le 8 du mois de Février 1674, & l'exerça jusqu'au 8 du mois de Septembre 1697, jour de son décès. Il est inhumé dans l'Eglise des Carmes de cette Ville, dans la Chapelle où est sa Sépulture. Jean de Berbisey son Fils, qui remplit aujourd'hui si dignement la Charge de Premier Président en ce Parlement, y a fait élever un Mausolée à sa mémoire; on y lit l'Inscription suivante.

D. O. M.

JOANNES DE BERBISEY, *antiqua editus nobilitate,*
In Senatu Divionenfi Præfes infulatus,
Juftitiæ, incorruptæque fidei tenax,
Sumptu honorifico, oportune fplendidus
Humanus in omnes, quibus notus, iis carus
Omnibus flebilis, liberis flebilior,
　　　　Hic jacet.
Jacet & ipfa, par virtutibus Uxor,
ELIZABETH BOUHIER.
JOANNES DE BERBISEY, *filius heres, Burgundiæ Senatus*
Princeps, hoc monumentum, Parentibus optimis, Conjugique
Dilectiffimæ, NICOL. DE LA MOTTE, *mœrens pofuit.*

Il portoit de Berbifey, comme ci-devant au Chapitre des Premiers Préfidents, page 5.

ANTOINE-BERNARD GAGNE, Chevalier, Baron de Paumiers, Seigneur de Perigny, Domoy, le Sauvement, le Tillet, Confeiller du Roi en fes Confeils, Préfident à Mortier, fut pourvû de cette Charge vacante par la mort de Jean Fyot de la Marche, en vertu de Lettres de Provifions dattées de Verfailles du 14 du mois d'Avril 1675; il y fut reçû le 30 du même mois, & l'a exercée pendant plus de dix années. Il mourut à Dijon le 23 du mois de Juin 1686. Il eft inhumé dans l'Eglife Paroiffiale de Saint Michel, dans la Chapelle où eft fa Sépulture.

Il portoit comme Jean Gagne fon ayeul , *d'azur à trois Eperons d'or*.

Suports , *deux Licornes*.

CLAUDE DE SOUVERT, Chevalier , Seigneur de Billy , Confeiller du Roi en fes Confeils , Préfident à Mortier , fut pourvû de cette Charge par la réfignation de Pierre Baillet ; les Lettres de Provifions lui en furent expédiées à S. Germain en Laye le 31 du mois de Janvier 1655 ; il fut reçû le 5 du mois de Décembre de la même année ; il avoit précédemment exercé la Charge de Confeiller pendant plus de treize ans , & mourut le 9 du mois de Décembre 1694 , après 19 années d'exercice en celle de Préfident. Il eft inhumé à Dijon dans l'Eglife des RR. Peres Cordeliers , dans la Chapelle où eft fa Sépulture.

Il portoit comme son Pere & son Ayeul, *de gueules à l'Aigle s'essorant d'or, au Chef de même.*
Cimier, *un Aigle naissant d'or.*
Suports, *deux Aigles d'or.*
Et pour Devise ces mots, Altum petit, ima relinquens.

JACQUES DE MUCIE, Chevalier, Seigneur de Neüilly & Senecey, Conseiller du Roi en ses Conseils, Président à Mortier, fut pourvû de cette Charge vacante par la mort de George Joly; il en obtint des Lettres de Provisions à S. Germain en Laye, à la datte du 26 Avril 1681; il fut reçû le 10 du mois de Mai suivant, & a exercé cette Charge jusqu'au 10 du mois de Septembre 1704, jour de sa mort. Il est inhumé à Dijon dans l'Eglise de la Sainte Chapelle du Roi, dans la Chapelle où est sa Sépulture : il y a fondé deux Chapelains chargés de célébrer, pour le repos de son ame, une Messe basse quotidienne & à perpétuité. Philippe Fyot de la Marche a succedé à cette Charge de Président.

Il portoit *d'azur à la Croix trefflée d'or.*

Suports, *deux Hommes d'Armes, avec leurs Boucliers bla-zonnés des mêmes Armes.*

Cimier, *un Homme à demi-corps, armé comme ceux des Su-ports.*

ETIENNE BERNARD, Chevalier, Seigneur de Saffenay & du Tartre, Conseiller du Roi en ses Conseils, Président à Mortier, fut pourvû de cette Charge vacante par la mort de Bernard Bernard son Pere, en vertu de Lettres de Provisions expédiées à Chaville le 4 du mois de Mai 1682 ; il fut précédemment quatre ans Conseiller au Parlement de Metz, & quoique ce service ne fût pas suffisant pour lui acquerir celui porté par les Ordonnances pour exercer la Charge de Président, le Roi lui en accorda des Lettres de dispense, & il y fut reçû le 5 du mois de Juin 1682. Il mourut à Dijon le 25 du mois de Janvier 1704 ; il est inhumé dans l'Eglise de S. Michel, où est sa sépulture.

Il portoit comme son Pere. Voyez ci-devant page 7.

BENOIST LEGOUZ - MAILLARD, Chevalier, Seigneur de Saint Seine sur Vingeanne, Conseiller du Roi en ses Conseils, Président à Mortier, fut pourvû de cette Charge vacante par la mort d'Antoine-Bernard Gagne, après en avoir obtenu des Lettres de Provisions, dattées de Versailles du 18 Novembre 1685 ;

il fut reçû le 7 du mois de Mars ſuivant : il avoit auparavant exercé pendant quatorze années une Charge de Conſeiller Laïc. Il eſt mort à Dijon le 29 Décembre 1709. Sa ſépulture eſt au milieu du Chœur de l'Egliſe de Nôtre Dame de la même Ville ; il y eſt inhumé. Il deſſendit expreſſément par ſon teſtament que l'on lui fit aucune pompe funebre.

Il portoit au premier & troiſiéme *de gueules , à la Croix enden-chée d'or , cantonnée de quatre Fers de Lance d'argent ,* qui eſt de Legouz , & au ſecond & troiſiéme *d'azur au Chevron d'or , chargé en pointe d'un Tourteau de ſable , ſurchargé d'une Croix d'or , accompagné de deux Quintefeüilles en chef d'or , & d'une Etoile en pointe de même ,* qui eſt de Maillard.

Cimier, *deux Banderoles de gueules , les Lances d'argent , fer-rées de même , paſſées en ſautoir derriere l'Ecu.*

Suports, *deux Griffons d'or.*

Jean Maillard Conſeiller au Parlement de Bourgogne l'inſtitua pour une moitié dans ſes biens , à condition de porter ſon Nom & ſes Armes écartelées de Legouz. Voyez Palliot, fol. 306 & 340.

ANTIDE DE MIGIEUX, Chevalier, Marquis de Savi-gny ſous Beaune , Seigneur de Chorey & Varenne , Conſeiller du Roi en ſes Conſeils, Préſident à Mortier, fut pourvû de cette Charge par la réſignation de Benigne Bouhier : les Lettres de Proviſions qu'il en obtint, lui furent expédiées à Verſailles le 28 Fevrier 1689. Il n'avoit ni l'âge ni les ſervices néceſſaires pour pouvoir exercer cette

Charge, mais il fut difpenfé de l'un & de l'autre par des Lettres qu'il plût au Roi de lui accorder : il fut reçû le 8 du mois de Mars 1689 : il avoit été précédemment Préfident aux Requêtes du Palais pendant près de huit années : il préfida pendant huit années à la Tournelle, & mourut dans l'exercice de cette Charge le 11 du mois de Novembre 1717 à fa Terre de Savigny ; fon corps fut aporté à Dijon, & il eft inhumé dans une Chapelle de l'Eglife des Cordeliers, où eft fa fépulture.

Il portoit comme fon Pere, *de fable à trois Etoiles d'argent, deux en chef & une en pointe.*
Cimier, *une Etoile d'argent.*
Suports, *deux Aigles au naturel.*

JEAN BOUHIER, Chevalier, Seigneur de Verfalieux, Confeiller du Roi en fes Confeils, Préfident à Mortier, a été pourvû de cette Charge, en exécution de l'Edit du mois de Mars 1691, portant création & augmentation de deux Préfidents à Mortier, de trois Confeillers Laïcs, & d'un Confeiller Commiffaire aux Requêtes du Palais, le 15 du mois de Mai 1691. Les Lettres de Provifions lui en furent expédiées à Verfailles le même jour, auffi bien que les Lettres de difpenfe d'âge, & des fervices prefcrits par les Ordonnances ; il fut reçû le treiziéme du mois de Juin fuivant. Après quinze années d'exercice, il réfigna en faveur de Charles de la Boutiére entre les mains du Roi, qui lui accorda des Lettres de Préfident Honoraire, dattées de Marly le 11 du mois de

Mai 1710, qui furent enregiſtrées le 3 du mois de Juillet de la même année.

Il porte de Bouhier. Voyez ci-devant page 10.

FRANÇOIS-BERNARD LECOMPASSEUR, Che-
valier, Seigneur de Courtivron, Tarſul & Saulx-le-Duc,
Conſeiller du Roi en ſes Conſeils, Préſident à Mortier, fut
pourvû de cette Charge, créée par Edit du mois de Mars 1691,
après avoir exercé celle de Conſeiller au Parlement pendant près de
trente-un ans; il y fut réçû le 12 du mois de Mars 1692; il eut beſoin
de Lettres de compatibilité, que le Roi lui accorda à cauſe de Jean
Lecompaſſeur ſon fils, qui étoit pour lors Conſeiller dans le même
Parlement. Il mourut à Dijon le dernier jour du mois d'Avril 1702;
il eſt inhumé dans l'Egliſe des Jacobins, au-devant du Maître Autel, où eſt ſa ſépulture.

Il portoit, *parti & coupé* au premier *d'azur, à trois Compas ouverts, en Chevron d'or*, qui eft de Lecompaffeur, au deux *d'or au Crequier de gueules, foutenu d'azur, à une bande d'or de trois piéces.*

Cimier, *une tête de Lyon d'or, lampaffé de gueules.*

Suports, *deux Lions de même.*

Et pour devife ces mots : Cuncta adamussim.

JEAN-BAPTISTE DE LA MARE, Chevalier, Confeiller du Roi en fes Confeils, Préfident à Mortier, fut pourvû de cette Charge vacante par la mort de Claude de Souvert, en vertu de Lettres de Provifions qui lui en furent expédiées à Paris le 25 Fevrier 1696 : il n'avoit ni l'âge, ni les fervices prefcrits pour l'exercer ; mais il plût au Roi de lui en accorder des Lettres de difpenfe ; il en obtint encore de compatibilité, qui lui étoient néceffaires à caufe d'Antide de Migieux, auffi Préfident, fon beau-frere. Il fut reçû le 8 du mois de Mars 1696. Il eft actuellement fecond Préfident du Parlement, & préfide en cette qualité à la Chambre de la Tournelle.

Il porte, *de gueules au Chevron d'or, accompagné de trois Coquilles d'argent, lignées de fable.*

Cimier, *une tête de Levrier de fable, accolé d'or, & cloüé
de gueules.*

Suports, *deux Levriers de fable, accolez comme deffus.*

JEAN DE BERBISEY, Chevalier, Baron de Vantoux,
Seigneur de Belleneuve, Rufey & Hauteville, Confeiller du
Roi en fes Confeils, Préfident à Mortier, & depuis Premier Pré-
fident. Il fut pourvû de la Charge de Préfident à Mortier le 8 Fe-
vrier 1704, en vertu de Lettres de Provifions, à la datte du dernier
Décembre 1708, après avoir exercé celle de Confeiller au même
Parlement pendant dix années.

Voyez au Chapitre des Premiers Préfidents, page 4.

JEAN LECOMPASSEUR, Chevalier, Marquis de Courtivron, Seigneur de Tarful, Saulx-le-Duc & dépendances, Confeiller du Roi en fes Confeils, Préfident à Mortier, eut des Lettres de furvivance pour cette Charge, avant qu'il en fût Titulaire,
à charge de n'exercer & de ne prendre rang & fcéance, qu'après
fix années de fervice dans la Charge de Confeiller dont il étoit
pour lors revêtu, ou en cas de mort de François-Bernard Lecompaffeur fon pere ; il obtint enfuite des difpenfes pour s'y faire recevoir lorfqu'il auroit atteint l'âge de 25 ans ; & en effet il fut reçû
le 6 du mois d'Août 1692 ; mais il ne prit rang & fcéance que le

22 du mois d'Avril 1698, par la démiſſion de François-Bernard Lecompaſſeur ſon pere. Il fit ériger en Marquiſat ſes Terres de Courtivron & Tarſul. Il eſt mort le 4 Juin 1729, & il eſt inhumé aux
Jacobins dans la Chapelle où eſt ſa ſépulture.

Il portoit comme ſon pere. Voyez ci-devant page 19.

JEAN BOUHIER, Chevalier, Seigneur de Poüilly-les-
Dijon & Buffon, Conſeiller du Roi en ſes Conſeils, Préſident
à Mortier : après avoir exercé onze années la Charge de Conſeiller au
Parlement, en laquelle il avoit été reçû le 12 Janvier 1693, fut pour-
vû de ladite Charge de Préſident, vacante par la mort d'Etienne-
Bernard de Saſſenay, par Lettres de Proviſions, en datte du premier
du mois de Mars 1704, avec diſpenſe de l'âge requis pour porter cet
Office, & y fut reçû le 12 du même mois : il l'a exercé juſqu'au 26
Juin 1727, auquel jour, ſur ſa réſignation, Loüis-Alexandre Duport
de Montplaiſant y fut reçû. Il a obtenu des Lettres de Préſident
Honoraire. Son nom eſt connu dans la République des Lettres, par
divers Ouvrages utiles & eſtimés qu'il a donné au Public. Il fut élû le
16 Juin 1727 en l'une des Places de l'Académie Françoiſe, & il y fut
reçû le 31 du même mois.

Il porte de Bouhier. Voyez ci-devant pages 10 & 18.

PIERRE-FRANÇOIS-BERNARD LEGRAND, Chevalier, Comte de Saulon, Conseiller du Roi en ses Conseils, Président à Mortier, fut pourvû de cette Charge, par la résignation de François-Bernard Jacob, en vertu de Lettres de Provisions du 13 Mai 1685 : il y fut reçû en survivance le 25 du même mois & de la même année, à condition qu'il n'exerceroit & ne prendroit rang & scéance qu'après la mort de son Résignant, qui mourut le 8 du mois d'Octobre 1704. Il étoit précédemment pourvû d'une Charge de Conseiller au Parlement, Commissaire aux Requêtes du Palais. Il fit ériger en Comté sa Terre de Saulon. Il mourut à Dijon le 21 du mois de Mars 1715, & fut inhumé dans l'Eglise Paroissiale de S. Michel, devant la Chapelle où est sa sépulture.

Il portoit, *vairé d'or & de gueules.*
Cimier, *un Lyon naiffant, lampaffé de gueules.*
Suports, *deux Lyons, lampaffez de gueules.*
Et pour devife ces mots : IN VARIIS NUNQUAM VARIUS.

PHILIPPE FYOT DE LA MARCHE, Chevalier, Comte de Bosjan, Baron de Mervans, Seigneur de la Marche, Clémencey, Neüilly, Senecey & Sânes, Confeiller du Roi en fes Confeils, Préfident à Mortier & Garde des Sceaux en la Chancellerie près le Parlement, fut pourvû de la premiére de ces deux Charges, à la mort de Jacques de Mucie fon beau-pere, par Lettres de Provifions dattées du 5 du mois de Juillet 1705 : il y fut reçû le 18 du même mois : il avoit été reçû dans celle de Confeiller au Parlement-Garde des Sceaux en la Chancellerie le 30 de Janvier 1685, en vertu de Lettres de Provifions du 14 de Décembre 1684, & d'une difpenfe d'âge, en datte du 18 de Septembre de la même année. Il les réfigna toutes deux à Claude-Philibert Fyot de la Marche fon fils aîné : le Roi lui accorda des Lettres de Préfident Honoraire, en datte du 6 Octobre 1718, regiftrées le 26 Novembre fuivant. Il mourut à Dijon le 18 du mois de Juin 1723, & fut inhumé dans l'Eglife Paroiffiale de S. Michel de cette Ville, dans la Chapelle où eft fa fépulture.

Il portoit, écartelé au premier & quatriéme *de Fyot*, au second & troisiéme *de la Marche*. Voyez ci-devant page 11.

L AZARE BAILLET, Chevalier, Seigneur de Crecey,
     Conseiller du Roi en ses Conseils, Président à Mortier, fut
pourvû de cette Charge qui avoit été résignée par Jean Bouhier
de Versalieux au profit de Charles de la Boutiere, lequel ne s'y
étant pas fait recevoir, la résigna à Lazare Baillet, qui obtint
des Lettres de Provisions données à Versailles le 26 du mois d'Avril
1710. Il exerçoit auparavant une Charge de Conseiller au Parlement,
Commissaire aux Requêtes du Palais. Il n'avoit pas, lorsqu'il se fit
recevoir en celle de Président, le service nécessaire & porté par les
Ordonnances pour pouvoir l'exercer, il plût au Roi de lui en accorder des Lettres de dispense, à la datte du 10 du mois d'Avril
1710, & il fut reçû le 3 du mois de Juillet suivant. Il mourut le 3 du
mois de Septembre 1719, en son Château de Crecey : il est inhumé
dans l'Eglise du même Lieu.

Il portoit comme son Pere. Voyez ci-devant page 3.

BENIGNE-GERMAIN LEGOUZ, Chevalier, Conseiller du Roi en ses Conseils, Président à Mortier, Seigneur de S. Seine sur Vingeanne & la Vaivre : il obtint, sur la résignation de Benoît Legouz-Maillard son oncle, des Provisions de cette Charge, dattées de Versailles le 27 de Juillet 1710 : Il avoit obtenu le même jour des Lettres de dispense d'âge, de service & d'incompatibilité avec Jean Legouz son oncle, Conseiller Clerc au même Parlement, & François Pérard de la Vaivre son beau-pere, & fut reçû le 7 Août de la même année 1710, après avoir porté la Charge de Conseiller pendant quatre années.

Il porte *de gueules, à la Croix endenchée d'or, cantonnée de quatre Fers de Lance d'argent.*

Cimier, *deux Banderoles de gueules, les Lances d'argent, ferrées de même, passées en sautoir derriére l'Ecu.*

Suports, *deux Griffons d'or.*

PHILIBERT-BERNARD GAGNE, Chevalier, Seigneur de Perigny, Domoy, Simard, Besandrey & Ragy, Conseiller du Roi en ses Conseils, Président à Mortier, fut pourvû de cette Charge vacante par la mort de Pierre-François-Bernard Legrand, Comte de Saulon, son beau-frere, en vertu des Lettres de Provisions qui lui en furent expédiées à Versailles le 22 du mois de Mai 1715. Il fut dispensé par le Roi de l'âge & du service nécessaire pour pouvoir présider ; il fut reçû le 27 du mois de Mai 1715. Il avoit servi en qualité de Conseiller au même Parlement pendant cinq années.

Il porte *d'azur à trois Eperons d'or.* Voyez ci-devant page 13, comme Antoine-Bernard Gagne son ayeul.

JEAN BOUHIER, Chevalier, Seigneur de Chevigny, Conseiller du Roi en ses Conseils, Président à Mortier; fut pourvû de cette Charge par la résignation de Jean de Berbisey, à présent Premier Président; il en obtint les Lettres de Provisions à Paris le 10 du mois de Mars 1716, aussi bien que celles de dispense d'âge & de service; il fut reçû le 16 du mois de Mars 1716. Il avoit servi en qualité de Conseiller au même Parlement pendant neuf années.

Il porte de Bouhier. Voyez ci-devant pages 10 , 18 & 22.

ABRAHAM-FRANÇOIS DE MIGIEU, Chevalier, Marquis de Savigny fous Beaune , Seigneur de Chorey , Varenne , Vimpelle & la Trembleraie , Confeiller du Roi en fes Confeils , Préfident à Mortier , a été pourvû de cette Charge vacante par la mort d'Antide de Migieu fon pere ; il en obtint les Lettres de Provifions à Paris le 7 du mois de Décembre 1717 ; il avoit exercé précédemment pendant onze ans une Charge de Confeiller au Parlement ; il eut befoin pour s'y faire recevoir , de Lettres de difpenfe d'âge & de compatibilité , parce qu'il avoit au Parlement plufieurs Parents au degré prohibé par les Déclarations du Roi , le Roi les lui accorda ; il fut reçû dans la Charge de Préfident le 14 du mois de Décembre 1717.

Il porte comme son pere. Voyez ci-devant pag. 17.

CLAUDE-PHILIBERT FYOT DE LA MARCHE, Chevalier, Comte de Bosjan, Baron de Monpont & de Mervans, Seigneur de la Marche, Montjay & Saint Martin, Conseiller du Roi en ses Conseils, Président à Mortier, & Conseiller-Garde des Sceaux en la Chancellerie près le Parlement; a été pourvû de ces deux Charges sur la résignation de Philippe Fyot de la Marche son pere. Il obtint une dispense d'âge & de parenté, dattée du 13 Mai 1717, pour exercer l'Office de Conseiller-Garde des Sceaux, dont Sa Majesté lui accorda les Provisions le 2 d'Octobre suivant, & il y fut reçû le premier jour de Février 1718. Son ayeul & son bisayeul avoient, ainsi que son pere, rempli successivement ces deux Charges de Président à Mortier & de Garde des Sceaux. La considération de leurs services & de ceux de leurs Prédécesseurs fut un des motifs qui portérent le Roi à lui accorder par Lettres du 11 d'Août 1718 les dispenses d'âge & de service qui lui étoient nécessaires pour remplir la Charge de Président à Mortier, dont il obtint les Provisions le 6 d'Octobre suivant, & en laquelle il fut reçû par Arrêt du 21 Novembre de la même année. Il a résigné celle de Conseiller-Garde des Sceaux, à Jacques-Philippe Fyot de la Marche, Seigneur de Neuilly, son frere, qui en est actuellement pourvû.

Il porte, écartelé au premier & quatriéme *de Fyot*, au second
& troisiéme *de la Marche*. Voyez ci-devant pages 11 & 23.

NICOLAS-CLAUDE PERRENEY, Chevalier, Sei-
gneur de Grosbois, Conseiller du Roi en ses Conseils, Président
à Mortier ; fut pourvû de cette Charge, vacante par la mort de
Lazare Baillet ; le Roi lui accorda des Lettres de dispense d'âge
& de service pour pouvoir présider ; il en obtint aussi de compatibilité à cause de plusieurs Parents qu'il avoit au Parlement
au degré prohibé ; il avoit exercé précédemment pendant neuf
années une Charge de Conseiller au Parlement ; il obtint des
Provisions pour celle de Président le 30 du mois de Mai 1720,
il y fut reçû le 7 du mois de Juin suivant.

Il porte comme son Pere & son Ayeul, *d'azur, semé d'Etoiles d'or*.

Suports, *deux Sauvages au naturel, armés de leurs Massuës*.

LOUIS-ALEXANDRE-CATHERIN DUPORT, Chevalier, Baron d'Attignat & Seigneur de Montplaisant, Conseiller du Roi en ses Conseils, Président à Mortier, a été pourvû de cette Charge, sur la démission volontaire de Jean Bouhier ; il en obtint les Lettres de Provisions à Paris le 7 du mois de Mars 1727. Le Roi lui accorda des Lettres de dispense d'âge & de service ; il fut reçû le 26 du mois de Juin 1727. Il avoit servi en qualité de Conseiller au même Parlement pendant sept années.

Il porte, *palé d'azur & d'argent, au Chef contre-palé d'argent & d'azur.*

Suports, *deux Levriers d'argent, accolés d'azur, bouclés d'argent.*

JACQUES-VINCENT LANGUET-ROBELIN, Chevalier, Comte de Rochefort, la Croifette, Baron de Safres, Confeiller du Roi en fes Confeils, Préfident à Mortier, fut pourvû de cette Charge, vacante par la mort de Jean Lecompaffeur de Courtivron, en vertu de Lettres de Provifions du 21 Octobre 1729; il plût au Roi de lui en accorder encore le même jour de difpenfe d'âge & de fervice; il en obtint auffi de compatibilité avec plufieurs Parents qu'il a dans le Parlement au degré prohibé. Il avoit été précédemment pourvû d'une Charge de Confeiller au même Parlement, fur la réfignation de Denis Rigoley, & en vertu de Lettres de Provifions du 14 Juillet 1725 : après avoir exercé la Charge de Confeiller pendant plus de quatre ans, il fut reçû en celle de Préfident le 16 du mois de Novembre 1729.

Il porte écartelé au premier & quatriéme *d'azur*, *au triangle équilatéral*, *cleché & renversé d'or*, *chargé sur les angles de trois molettes d'Eperon de gueules*, qui est de *Languet*; au second & troisiéme *d'azur*, *au Chevron d'or*, *accompagné de trois Etoiles*, *surmonté en chef d'un Bélier d'argent*, *passant dans une Nuée de même*, *mouvante des deux angles supérieurs de l'Ecu.*

Suports, *deux Lions au naturel.*

ABBÉS DE CITEAUX, CONSEILLERS NÉS
au Parlement de Bourgogne.

CHAPITRE III.

JEAN PETIT, natif de Châlon fur Sône, Religieux de Cîteaux, Docteur en Droit Canon, fuccéda à Claude Vauffin décédé le premier Fevrier 1670 : Il fut élû le 19 de Juin de la même année, Abbé, Chef & Supérieur Général de l'Ordre de Cîteaux ; fon Election fut confirmée par les Bulles du Pape Clément X. du 16 Novembre fuivant. Il prit poffeffion de fon Abbaye le 21 du mois de Décembre de la même année, & fut reçû Premier Confeiller au Parlement le 30 du mois d'Avril 1671.

Les Abbés de la Ferté, Clairvaux & Morimont voulurent lui contefter l'Autorité & la Juridiction qu'il avoit fur eux : par Arrêt du Confeil d'Etat du mois de Septembre 1681, le Roi y étant en Perfonne, il fut maintenu dans fes Droits, & Sa Majefté déclara que l'Abbé de Cîteaux étoit Chef & Général de fon Ordre, & que nul autre n'en pouroit prendre la Qualité, ni en exercer les Fonctions.

Il occupa cette place pendant l'efpace de vingt-deux années, & tint trois Chapitres Généraux.

Il mourut dans fon Abbaye le 15 du mois de Janvier 1692.

On lit fur fa Tombe l'Épitaphe qui fuit.

D. O. M.

Rmo. felicis memoriæ, Domino JOANNI PETIT, zelo & pietate Ciftercii Monacho, vere magno, pervigili curâ & fidelitate, cæteris multo majori, totius Ordinis Patri, Paftori generali ter maximo, qui nec ambitionis, nec quarumlibet humanarum rationum, fed virtutum ac meritorum gradibus, ad id muneris, unanimi omnium voto affumptùs, femper & ubique fibi conftans, non ftupuit honorum fulgoribus. Congregatum

ex univerſâ Europâ, in generalibus Comitiis, religioſum orbem, eloquentiâ,
ingenio, peritiâ tertium detinuit. Contra, obtrectantes juribus, Romanâ in
Curiâ, Majori, privato & ſanctiori Concilio cauſam ſæpe vicit, ſui
Generalatûs authoritatem ſummo labore vindicavit, patiens impavidus
inconcuſſus; Filios cum in maritimis, & mediterraneis Galliæ Provinciis,
tum in Belgio viſitans, ſanctiſſimis ſanxit Legibus, verbo pavit, & exemplo,
cujus laudem pretioſa; quâ Templum Domumque auxit ſuppellex, nec non
ampla, quæ extra modum ſumpta & magnificentiâ ſex extruxit
Ædificia, nunquam dicent ſatis, ad omnia natum, mors præmatuta
ſuſtulit anno ætatis LXIII. *Prælaturæ* XXII. R. S. H. MDCXCII.
13 *Januarii.*

Æmulamini preces, lacrimas fundite.

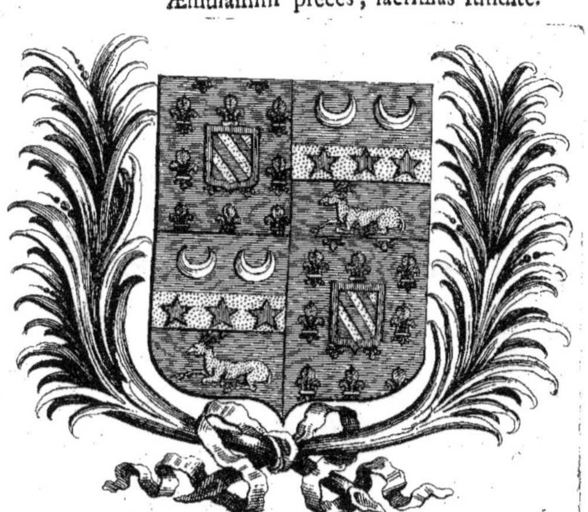

Il portoit écartelé au premier & quatriéme *d'azur, ſemé de Fleurs*
de Lys d'or, qui eſt de France, & en cœur, *un Ecu de Bourgogne an-*
cienne, qui eſt bandé d'or & d'azur de ſix piéces, bordé de gueules,
qui ſont les Armes de l'Abbaye de Cîteaux; au ſecond & troiſiéme
d'azur, à la Faſce d'or, chargée de trois Etoiles de gueules, accom-
pagnées de deux Croiſſants d'argent en chef, & d'un Cerf en repos
d'or en pointe.

NICOLAS LARCHER, natif de Beaune, Religieux de
Cîteaux, Docteur en Théologie de la Faculté de Paris, ſuccéda à Jean Petit. Il fut élû Abbé, Chef & Supérieur Général
de l'Ordre de Cîteaux, le 27 du mois de Mars 1692 : le Pape
confirma ſon Election par des Bulles du 27 du mois de Mai ſuivant : le 4 du mois de Juillet il prit poſſeſſion de ſon Abbaye, &
fut reçû Premier Conſeiller au Parlement le 18 du mois de Novembre de la même année.

Les Evêques qui ont entrée à l'Affemblée des Etats de Bourgogne, lui ayant contefté le Droit de fiéger dans un fauteüil immédiatement après eux ; il obtint un Arrêt du Confeil, par lequel il fut ordonné que l'Abbé de Cîteaux fiégeroit aux Etats de Bourgogne immédiatement après les Evêques, dans le même rang & fur la même ligne, fans diftinction de fiége ou de fauteüil.

Il n'affembla pendant vingt années qu'il fut en place, qu'un feul Chapitre Général, & ce fut en 1699 ; les Guerres lui ôtérent la liberté d'en convoquer d'autres. Il mourut à Cîteaux le 14 du mois de Mars, âgé de 82 ans ; il eft inhumé dans l'endroit où fe tient le Chapitre de cette Abbaye : fon Succeffeur Edme Perrot fit graver fur fa Tombe l'Infcription fuivante.

Hic jacet, R. D. D. NICOLAUS
LARCHER, Ciftercii Religiofus, deinde,
Abbas, Ciftercienfis Generalis,
probitate clarus, eruditione fingulari,
Doctor Sorbonicus, Jurium hujus
Ecclefia, & Ordinis, vindex acerrimus,
qui, emenfo, cum pietate, per duos, &
amplius, fexagenta annos, vita
Regularis ftudio, quorum, Abbatialis
Dignitatis, vigefimo, atatis verò,
octogefimo fecundo, ad aternam
fofpitatem tranfiit, quarto Nonas
Martii. 1712.

Il portoit au premier & quatriéme *de Cîteaux*, & au deux & trois, *d'azur à trois Fasces ondées d'or, surmontées d'un Arc-en-Ciel de même.*

EDME PERROT, natif de Dijon, Religieux de Cîteaux, Docteur en Théologie; après le décès de Nicolas Larcher, fut élû Abbé & Supérieur Général de son Ordre le 20 du mois de Mai 1712 : il prêta le serment entre les mains du Roi le 31 du mois de Juillet 1713, & fut reçû Premier Conseiller au Parlement le 15 Janvier 1714. Il vécut avec beaucoup d'édification, & mourut à Cîteaux le 31 Janvier 1727, âgé de 84 ans & deux mois, après avoir gouverné la Maison & l'Ordre de Cîteaux pendant près de 15 années : il est inhumé dans l'endroit où se tient le Chapitre. On lit sur sa Tombe l'Inscription qui suit.

Hic jacet R. D. D. EDMUNDUS
PERROT, hujus Domûs Religiosus, qui
electus Abbas Cisterciensis Generalis,
die XX. Maii, M. DCC. XII. *non finxit*
laborem in præcepto, senio confectus
morbisque, & laboribus prægravatus,
viam veritatis non deseruit. Obiit
XXXI. *Jan. an. Dom.* M. DCC. XXVII.
ætatis suæ LXXXV. *Prælaturæ* XV.

Il portoit écartelé au premier & quatriéme *de Cîteaux* ; au second & troisiéme *de sable, à deux Rochers accostés d'argent, au Chef d'or, chargé d'un Lambel de trois piéces de gueules.*

A NDOCHE PERNOT, natif de Dijon, Religieux de Cîteaux, Docteur en Théologie de la Faculté de Paris, a été élû Abbé, Chef & Supérieur Général de l'Ordre de Cîteaux, le 21 du mois d'Avril 1727 : il prêta le serment entre les mains du Roi le 25 Avril 1728, & a été reçû Premier Conseiller au Parlement le 22 du mois de Novembre suivant. Il occupe aujourd'hui cette place avec toute la piété & toute la dignité convenables. Il avoit déja donné des preuves de son expérience dans les différents Emplois qui lui ont été confiés, & singuliérement dans celui de Vicaire Général de son Ordre.

Il porte écartelé au premier & quatriéme *de Cîteaux* ; au second & troisiéme *de sable, chargé de trois Bandes d'argent, au Chef d'azur chargé d'un Aigle éployé d'or.*

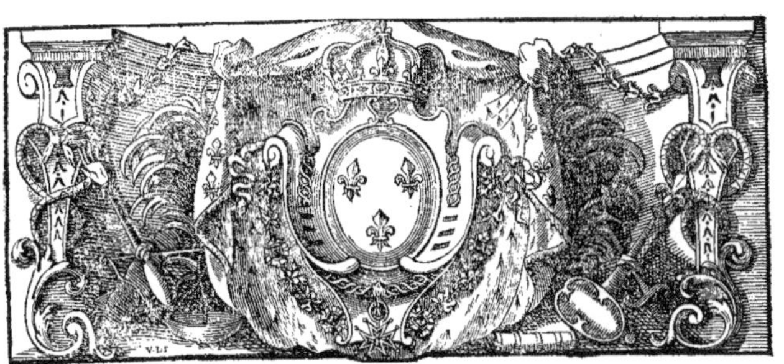

CHEVALIERS D'HONNEUR, CONSEILLERS
du Parlement de Bourgogne.

CHAPITRE IV.

GASPARD D'AMANZE', Comte d'Amanzé, Baron de Combles en Picardie, Seigneur de Prifi, Logeres, Lef-fartot, Puligny, Mypont & Chaffeul, Comte d'Auxonne, Chatillon & Bar-fur-Seine, Lieutenant Général pour le Roi au Gouvernement de Bourgogne dans le Bailliage de Dijon, Gouverneur des Ville & Château de Bourbon-Lancy, Chevalier d'Honneur du Parlement, fut pourvû de cette Charge, vacante par la mort d'Henry de Saulx, Marquis de Tavannes, en vertu de Lettres de Provifions qui lui furent expédiées à Paris le 28 du mois d'Octobre 1653 : il fut reçû au Parlement le 4 du mois de Mai fuivant. Il fut Elû de la Noblefle à l'Affemblée des Etats de cette Province, tenuë en 1653.

Il portoit écartelé au premier & quatriéme *de gueules, à trois Coquilles d'or*, qui eſt *d'Amanzé*; au ſecond *de gueules à un Pal de Vair*, qui eſt *d'Eſcars de la Vauguyon*; & au troiſiéme *d'azur à trois Fleurs de Lys d'or, à la cottiſſe de gueules, chargée de trois Lionceaux d'argent*, qui eſt *de Bourbon-Carency*. Voyez Palliot, dans ſon Indice Armorial, fol. 294 & 296.

JEAN-FRANÇOIS DE CHANLECY, Baron de Pluvault, Grand Maître de la Garde-Robbe & Premier Gentil-homme de la Chambre de Monſieur Philippe Duc d'Orléans, Frere unique du Roi Loüis XIV. Chevalier d'Honneur au Parlement, fut pourvû de cette Charge par la réſignation que Gaſpard d'Amanzé en fit entre les mains du Roi; les Lettres de Proviſions lui en furent expédiées à Fontainebleau le 21 du mois de Juillet 1661. Il s'étoit diſtingué dans le Service en pluſieurs occaſions, à la tête du Ré-giment de Cavalerie de Monſieur le Maréchal de Schomberg. Pontus de Chanlecy ſon pere avoit été Lieutenant d'une Compagnie de Cent Hommes d'Ordonnance. Et Jean de Chanlecy ſon ayeul étoit Lieutenant de la Compagnie des Gendarmes de la Garde, ſous Mr. d'Elbeuf. Il fut reçû au Parlement le 8 du mois d'Août 1661, & mourut le 7 du mois de Juillet 1711: Il eſt inhumé dans l'Egliſe de Pluvault, qu'il a fait bâtir: voici l'Inſcription qui ſe trouve ſur ſa ſépulture.

Ci git Haut & Puissant Seigneur
Jean-François de Chanlecy, Grand
Maitre de la Garderobe, & Premier
Gentilhomme de la Chambre de feu
MONSIEUR, Frere Unique du Roi,
Chevalier d'Honneur au Parlement
de Bourgogne, qui mourut le VII.
Juillet MVCCXI.

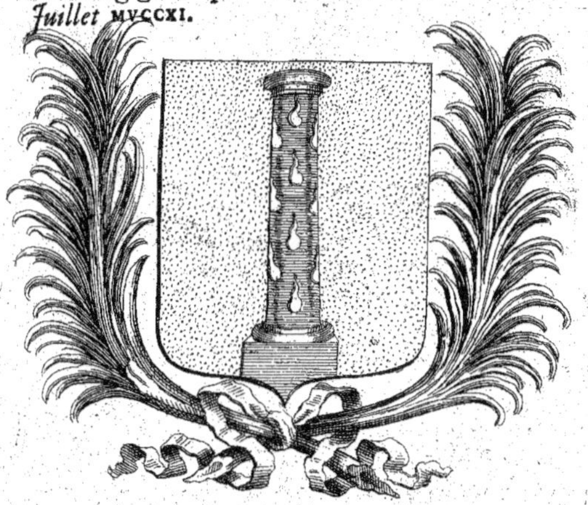

Il portoit *d'or à une Colomne d'azur, semée de Larmes d'argent.*

Suports, *deux Centaures au naturel.*

Et pour Devise ces mots : VIRTUS MIHI ET ENSIS.

CHARLES DE HENIN DE LIETART, Comte de Roche, Chevalier d'Honneur du Parlement, fut pourvû de cette Charge le 9 du mois de Mai 1682, par la résignation de Roger de Nagu : Il y fut reçû le 8 du mois de Juillet 1682 : Il eut besoin de Lettres de compatibilité, à cause de plusieurs parents qu'il avoit dans le Parlement au degré prohibé, le Roi les lui accorda. Il entra au Service dès l'âge de 16 ans, & fut ensuite un des principaux Officiers de la Compagnie des Gendarmes de la Garde. Charles de Henin de Lietart son pere, avoit servi pendant plus de 50 ans, en qualité d'Aide de Camp, ensuite de Lieutenant Colonel du Régiment d'Huxelles ; & enfin de Lieutenant pour le Roi dans les Ville, Citadelle & Bailliage de Châlon sur Sône.

Il portoit *de gueules à la Bande d'or.*

RENE'-BERNARD SAYVE, Comte de la Motte & de Thil, Chevalier d'Honneur du Parlement, fut pourvû de cette Charge, vacante par la mort de Charles de Henin de Lietart, par Lettres de Provisions, dattées de Versailles du 22 Mars 1685. Il commença à servir en Allemagne dès l'âge de 15 ans, & continua depuis dans le Régiment des Gardes Françoises. Henry Sayve, Comte de la Motte & de Thil, son pere, avoit servi long-tems en qualité de Mestre de Camp d'un Régiment de Cavalerie, & ensuite de Lieutenant Général pour le Roi en Bourgogne. Pierre Sayve, Comte de la Motte son oncle, Brigadier des Armées du Roi, fut tué en Allemagne d'un coup de mousquet au passage du Rhin. Il fut reçû au Parlement le 11 du mois d'Avril 1684, & mourut le 8 du mois de Décembre 1690. Il est inhumé dans l'Eglise Collégiale de Thil.

Il portoit *d'azur à une Bande d'argent, chargée de trois Couleuvres de gueules*, comme ſes Ancêtres. Voyez Palliot fol. 73.

FRANÇOIS-BERNARD SAYVE, Comte de la Motte, & de Thil, Chevalier d'Honneur du Parlement, fut pourvû de cette Charge vacante par la mort de René-Bernard Sayve ſon frere ; il en obtint les Lettres de Proviſions à Paris, le 22 du mois de Juin de l'année 1692, & fut reçû le 26 Juin ſuivant. Il mourut le   , & fut inhumé dans l'Egliſe Collégiale de Thil.

Il portoit comme son frere & son pere.

LOUIS DE VIENNE DE COMMARIN, Baron de Châteauneuf, Chevalier d'Honneur du Parlement, a été pourvû de cette Charge, par la résignation de François-Bernard Sayve, & en vertu de Lettres de Provisions qui lui furent expédiées à Paris le 29 du mois de Juin 1697. Le Roi lui accorda des Lettres de compatibilité, à cause de plusieurs parents qu'il avoit dans le Corps du Parlement au degré prohibé : il y fut reçû le 8 du mois de Juillet de la même année 1697. Il a servi avec distinction dans les Dragons. Henri de Vienne, Comte de Commarin, son pere, étoit Lieutenant Général pour le Roi en Bourgogne. Charles de Vienne son ayeul étoit Maréchal de Camp, & Lieutenant Général pour le Roi dans la même Province : & Jacques de Vienne, Comte de Commarin, son bisayeul, étoit Chevalier des Ordres du Roi, & Capitaine de Cent Hommes d'Armes.

Il porte comme fes Ancêtres, *de gueules à un Aigle d'or.*
Cimier, *un Aigle naiffant d'or.*
Suports, *deux Lyons d'or.*
Et pour Devife cès mots : Tout bien a Vienne.

LOUIS-JOSEPH DE CHANLECY, Marquis de Pluvault, Chevalier d'Honneur du Parlement, fut pourvû de cette Charge, vacante par la mort de Jean-François de Chanlecy fon pere, en vertu de Lettres de Provifions qui lui furent expédiées le 12 Décembre 1711 : il y fut reçû le 18 du même mois de Décembre 1711. Après avoir fervi dans la premiére Compagnie des Mouf-quetaires & dans la Gendarmerie en qualité de Guidon, il fut Co-lonel du Régiment de Chartres : il fut bleffé aux Siéges de Mons & de Charleroy : il reçut un coup de moufquet au travers du corps à la Bataille de Nervinde, où il commandoit la Brigade de Piedmont. Malgré fes bleffures il fervit encore pendant fept années tant en Italie qu'en Efpagne. Il eft mort à Paris le 10 Janvier 1719 : fon Corps eft inhumé dans l'Eglife Paroiffiale de S. Euftache, & fon Cœur a été aporté dans l'Eglife de Pluvault.

Il portoit comme son pere. Voyez ci-devant page 41.

CONSEILLERS AU PARLEMENT.
CHAPITRE V.

PIERRE LEGOUZ-MORIN, Conseiller Clerc au Parlement, fut pourvû de cette Charge vacante par la mort de Jacques Morin son oncle maternel ; il en obtint les Provisions à Paris le 11 du mois de Septembre 1649 ; le Roi lui accorda des Dispenses d'âge ; il lui permit de porter cet Office comme Conseiller Laïc, après néanmoins qu'il eut obtenu en Cour de Rome des Dispenses de l'Ordre de Diacre, dont il étoit revêtu ; il fut reçû le 15 du mois de Décembre 1649, & mourut à Dijon le 23 Juillet 1680. Il est inhumé dans l'Eglise de la Madelaine, où est sa Sépulture.

Il portoit écartelé, au premier & quatriéme *de gueules, à une Croix endenchée d'or, cantonnée de quatre Fers de Lance d'argent*, qui est de Legouz ; au second & troisiéme, *d'argent à trois Mures de pourpre*, qui est de Morin.

Cimier, *une tête de Lyon d'or.*

Suports, *deux Lyons de même.*

ANDRE' FLEUTELOT, Conseiller au Parlement, Commissaire aux Requêtes du Palais, fut pourvû de cette Charge par la résignation de Pierre Floris, & en vertu de Lettres de Provisions du 26 Juillet 1649, il y fut reçû le 18 du mois de Septembre suivant, & mourut à Dijon le   Il est inhumé dans l'Eglise Paroissiale de S. Michel, devant l'Autel de la Chapelle où est sa Sépulture.

Il portoit *d'argent à trois Trefles de sable, au Chef de gueules, chargé d'un Soleil d'or.*

Suports, *deux Lyons d'or.*

JEAN FYOT DE LA MARCHE, Baron de Montpont, Montjay & Clémencey, Conseiller Clerc au Parlement, fut pour- vû de cette Charge par Letttes de Provisions dattées de Paris du dernier Décembre 1649, sur la résignation de Philippe Fyot son pere, qui l'avoit acquise d'Antoine Comeau. Il y fut reçû le 8 Fevrier 1650, & la résigna ensuite en faveur d'Antoine Espiard, Prêtre & Prevôt de l'Eglise de S. Etienne. Voyez au Chapitre des Présidents, où il en est fait mention, page 10.

NICOLAS-BENIGNE DU GUAY, Conseiller au Parlement, fut pourvû de cette Charge par la résignation de Claude Gaillard, & en vertu de Lettres de Provisions du 11 du mois de Décembre 1649. Il obtint en même tems des Lettres de dispense d'âge, & fut reçû le 16 du mois de Fevrier 1650. Il fut ensuite honoré par Sa Majesté de la Charge de Premier Président en la Chambre des Comptes de Bourgogne, & de la Commission d'Intendant de la Marine en la même Province. Il est mort à Paris le

Il portoit *d'azur au Coq d'or crêté & bequé de gueules.*
Cimier, *un Coq naissant d'or.*
Suports, *deux Coqs de même.*
Et pour Devise ces mots, FIDELIS ET AUDAX.

JEAN BOUHIER, Conseiller Laïc au Parlement, fut pourvû de cette Charge par la résignation de Benoît Bouhier son frere, & en vertu de Lettres de Provisions dattées de Paris le 7 du mois de Janvier 1650. Il eut besoin de Lettres de dispense d'âge, & le Roi les lui accorda. Il fut reçû le 6 du mois d'Août 1650. Il est mort à Dijon le 15 Aout 1714, & a été inhumé dans l'Eglise de S. Etienne, où est sa Sépulture.

Il portoit *d'azur au Bœuf d'or*, comme ses Ancêtres. Voyez ci-devant pages 9 , 17, 21, & 27 & Palliot.

NICOLAS-LAZARE MORISOT, Conseiller au Parlement, Commissaire aux Requêtes du Palais, fut pourvû de cette Charge par la résignation d'Antoine Morisot son pere ; il en obtint les Lettres de Provisions à Paris le 30 du mois de Décembre 1650, & fut reçû le 15 du mois de Mars 1651 : après 27 années de service il résigna en faveur d'Antoine Morisot son fils. Il mourut à Dijon le 18 Mai 1687. Il est inhumé dans l'Eglise de S. Etienne de cette Ville, où est sa Sépulture ; on y lit l'Inscription suivante à l'honneur d'Antoine Morisot son pere.

Æternâ memoriâ, ANTONII MORISOT DE TANIOT, *in supremâ Burgundiæ Curiâ Senatoris integerrimi, per* XXXVII. *annos,* Qui *obiit anno* MDCLII, & FRANCISCÆ POUFFIER *ejus uxoris* Quæ *obiit, anno* MDCLVI.

Il portoit comme Antoine Morifot fon pere, *d'argent à une Quinte-Feüille de gueules mife en abîme, accompagnée de trois Mûres de fable, deux en chef & une en pointe.*

Cimier, *une tête de Maure de fable.*

Et pour devife ces mots : FERT MATUROS PRUDENTIA FRUCTUS.

JEAN-BAPTISTE LANTIN, Confeiller au Parlement, Commiffaire aux Requêtes du Palais, fut pourvû de cette Charge en vertu de Lettres de Provifions du 3 du mois d'Avril 1651, & y fut reçû le 12 du mois de Mai fuivant. Il paffa enfuite à une Charge de Confeiller Laïc au Parlement, vacante par la mort de Philippe Lantin fon frere. Il y fut reçû le 30 du mois de Décembre 1652 ; il y garda fon rang du jour de fa réception en la Charge de Confeiller aux Requêtes du Palais, & fut difpenfé d'un nouveau ferment : Après 41 ans de fervice dans l'une & dans l'autre de ces Charges, le Roi lui accorda des Lettres de Confeiller Honoraire. Il fut très-connu dans la République des Lettres, même dans les Païs étrangers. Il mourut à Dijon le 4 du mois de Mars 1695 ; il y fut inhumé dans l'Eglife Collégiale de S. Etienne, où eft fa Sépulture.

Il portoit *d'azur à une Givre d'argent, au Chef d'or.*
Cimier, *une Colombe naiſſante d'argent*, ainſi que ſon pere,
ſon ayeul & tous ſes ancêtres. Voyez Palliot, fol. 277 & 316.

FRANÇOIS-BERNARD JACOB, Conſeiller Laïc au
Parlement, fut pourvû de cette Charge par la réſignation de
Gerard Sayve, & en vertu de Lettres de Proviſions du 6 du mois
de Mai 1651 ; il fut reçû le 21 du mois de Juin de la même année. Voyez ci-devant au Chapitre des Préſidents, où il en eſt fait
mention, page 8.

ABRAHAM-FRANÇOIS BOURE'E, Seigneur de
Chorey, Conſeiller au Parlement, fut pourvû de cette Charge
par la réſignation de Pierre Saumaize ; il obtint des Lettres de
Proviſions & de diſpenſe d'âge le 24 du mois d'Avril 1651, & il
fut reçû le 23 du mois de Juin ſuivant. Il eſt mort à Dijon le 15
du mois de Septembre 1687, & a été inhumé en l'Egliſe des
Cordeliers de Dijon.

Il portoit *d'azur à trois Gerbes d'or, deux en chef & une en pointe*

PHILIPPE BERNARD, Conseiller Clerc au Parlement, Chanoine de l'Eglise Collégiale de S. Etienne de Dijon, fut pourvû de cette Charge vacante par la mort de Chrétien-Jerôme de Macheco, en vertu de Lettrés de Provisions du 6 Mars 1651, & fut reçû le 27 du mois de Juin suivant. Il mourut le 20 Octobre 1664, & fut inhumé dans l'ancienne Eglise de S. Médard, qui a été démolie, & la Paroisse transferée en l'Eglise Collégiale de S. Etienne. Il fonda plusieurs Messes basses par semaine, & un Anniversaire que l'on célébre annuellement le jour de son décès.

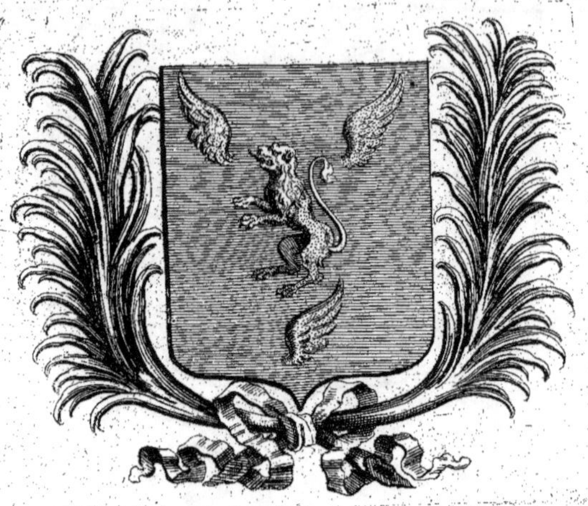

Il portoit *d'azur au Lyon d'or, accompagné de deux demi Vols d'or en chef, & un en pointe.*

Cimier, *un Lyon naiſſant de même.*

ETIENNE BOSSUET, déja Conſeiller Laïc au Parlement, où il avoit été reçû le 15 Décembre 1637, ſuivant qu'il paroît à la page 312 du Livre de Palliot, fut pourvû d'un Office de Conſeiller Clerc au même Parlement, vacante par le décès de Jacques Valon, par Lettres de Proviſions du 4 du mois de Mai 1652; elles furent enrégiſtrées le 29 du même mois. Le Roi lui permit d'exercer ces deux Offices conjointement, au même rang & ſcéance. Il réſigna la même année celle de Conſeiller Laïc à Claude Eſpiard de la Cour. Il mourut à Dijon le 9 du mois de Mai 1671, & fut inhumé dans l'Egliſe de S. Etienne.

Il portoit comme son pere & son ayeul, *d'azur à trois Roües d'or.*

Et pour devise ces mots : REBUS INEST, VELUT ORBIS.

RICHARD VALON, Seigneur de Mimeure, Conseiller Laïc au Parlement, fut pourvû de cette Charge par la démission d'Emilland Valon Arviset son ayeul maternel ; les Lettres de Provisions lui en furent expédiées à Saint Germain en Laye le 17 du mois de Mai 1652, & il fut reçû le 14 du mois de Décembre de la même année : après l'avoir exercée pendant 20 ans le Roi lui accorda des Lettres de Conseiller Honoraire. Il mourut à Dijon le 24 Janvier 1709 ; & fut inhumé dans l'Eglise des Minimes dans la Chapelle où est sa Sépulture.

Il portoit *d'azur à une Licorne d'argent.*
Cimier, *une tête de Licorne d'argent.*
Suports, *deux Licornes de même.* Voyez Palliot, fol. 209 & 230.

JEAN PERARD, Seigneur de la Vaivre & de Meſſange, Conſeiller au Parlement, Commiſſaire aux Requêtes du Palais, fut pourvû de cette Charge ſur la réſignation de Jean-Baptiſte Lantin ; & en vertu de Lettres de Proviſions du 4 Novembre 1652, il fut reçû le 8 Janvier 1653 ; il l'a exercée pendant 35 ans. Il eſt décédé à Paray le 15 Juin 1690, & eſt inhumé dans l'Egliſe S. Nicolas dudit Paray.

Il portoit *de gueules à une Bande d'argent, chargée d'un Ours de sable, au Chef d'or.*

Et pour Devise ces mots, VICTRIX PER ARDUA VIRTUS.

CLAUDE ESPIARD, Seigneur de la Cour & Clamerey, Conseiller Laïc au Parlement, fut pourvû de cette Charge sur la résignation d'Etienne Bossuet : il en obtint à Paris les Lettres de Provisions le 29 du mois de   1652, & fut reçû le 28 du mois de Janvier 1653. Après l'avoir exercée pendant 30 ans & plus, le Roi lui accorda des Lettres de Conseiller Honoraire. Il mourut à Dijon le 4 Juin 1710, & fut inhumé dans l'Eglise des Cordeliers où est sa Sépulture.

Il portoit *d'azur*, *à trois Epics de froment d'or*, *ardents de gueules*, *deux en chef & un en pointe*.
Suports, *deux Génies de carnation*.

PHILIBERT DE LA MARE, Conseiller Laïc au Parlement, fut pourvû de cette Charge sur la résignation de Pierre Baillet, & en vertu de Lettres de Provisions du 28 du mois de Décembre 1652 ; il plût au Roi de lui accorder des Lettres de dispense d'âge, & voix délibérative du jour de sa réception, qui fut le 21 du mois de Janvier 1673. Aprés avoir exercé cette Charge pendant 21 années, il mourut à Dijon le 17 du mois de Mai 1687, & fut inhumé aux Cordeliers, dans la Chapelle où est sa Sépulture.

Il portoit *de gueules au Chevron d'or, accompagné de trois Coquilles d'argent, lignées de sable.*

Cimier, *une tête de Levrier de sable, accolée d'or, & cloüée de gueules.*

Suports, *deux Levriers de sable, accolés & cloüés comme dessus.* Voyez Palliot page 11, & ci-devant au Chapitre des Présidents, page 20.

JEAN FLEUTELOT, Conseiller Laïc au Parlement, fut pourvû de cette Charge vacante par le décès de Bernard Moisson du Bassin ; & en vertu de Lettres de Provisions du 19 du mois de Mai 1653, il y fut reçû le 15 du mois de Juillet suivant : il l'exerça pendant plus de 30 années, & jusqu'à sa mort, qui arriva le 5 du mois de Décembre 1692. Il est inhumé à Dijon dans l'Eglise Paroissiale de S. Michel, où est sa Sépulture.

Il portoit *d'argent à trois Treffles de fable, au Chef de gueules, chargé d'un Soleil d'or.*
Suports, *deux Lyons d'or.* Voyez ci-devant, page 48.

LOUIS DE BEUVERAND, Seigneur de Laloyere, Conſeiller Laïc au Parlement, fut pourvû de cette Charge ſur la réſignation de Nicolas-Benigne du Gay ; & en vertu de Lettres de Proviſions du 9 du mois de Décembre 1654, il y fut reçû le 18 du mois de Janvier de la même année ; & après l'avoir exercée pendant 20 ans, il la réſigna en faveur de Pierre Rigoley.

Il portoit *d'azur au Bœuf d'or couronné de gueules.* Voyez
Palliot dans fon Livre de la parfaite connoiſſance des Armoiries,
page 215.

BENIGNE BOUHIER, Conſeiller Laïc au Parlement,
fut pourvû de cette Charge ſur la réſignation de Jean Bouhier
ſon pere ; il en obtint les Lettres de Proviſions le 12 du mois de
Mars 1655, & y fut reçû le 16 du mois de Juin de la même année ;
il l'exerça pendant 17 ans , & fut enſuite pourvû d'une Charge de
Préſident. Voyez au Chapitre des Préſidents, où il en eſt fait
mention , page 10.

JEAN COEURDEROY, Conſeiller au Parlement, Préſident aux Requêtes du Palais, fut pourvû de cette Charge ſur
la réſignation de Philibert Potet; après avoir exercé celle de Tré-
ſorier de France au Bureau des Finances en Bourgogne & Breſſe,
il obtint des Proviſions pour celle de Préſident aux Requêtes du
Palais, le 28 du mois de Décembre 1655 , & y fut reçû le premier du mois de Fevrier 1656 : après 28 années de ſervice en cette
Charge, il la réſigna en faveur d'Etienne Cœurderoy ſon fils ; &
le Roi lui accorda des Lettres de Conſeiller Honoraire, Préſident
aux Requêtes du Palais. Il mourut le 6 du mois de Mars 1709
à Moutier S. Jean, & fut inhumé dans l'Egliſe Paroiſſiale de ce
lieu.

Il portoit *d'azur au Cœur couronné d'or, accofté de deux Palmes de même.*

JEAN BERNARD, Seigneur de Thorey, Buiſſon, &c. Conſeiller Laïc au Parlement, fut pourvû de cette Charge vacante par la mort de Nicolas Jacquotot ſon ayeul maternel; & en vertu de Lettres de Proviſions du 7 du mois d'Aout 1656; il obtint en même tems des Lettres de diſpenſe d'âge : il fut reçû le 19 du mois de Décembre de la même année, & mourut à Dijon dans l'exercice de cette Charge, le

Il eſt inhumé dans l'Egliſe Paroiſſiale de S. Michel, où eſt ſa Sépulture.

Il portoit *d'azur à une Fasce d'or, chargée d'une Molette d'Eperon d'azur, accompagnée en chef de deux Coutelas d'argent, passés en sautoir, les Croisées & Poignées d'or, & en pointe un Etendard d'argent posé en bande, lancé & ferré d'or.*

Et pour Devise : ET BELLO ET PACE.

JEAN-CLAUDE JACOB, Seigneur de Charmelieux, Conseiller Laïc au Parlement, fut pourvû de cette Charge sur la résignation de François Jacob son frere ; il en obtint des Lettres de Provisions le 12 du mois de Décembre 1656, & y fut reçû le 21 du mois de Mai 1658. Il la résigna à Jean Baillet, après l'avoir exercée pendant vingt-deux années.

Il portoit *de gueules au Rencontre de Cerf d'or*, *fommé de cinq piéces*.

Et pour Suports, *deux Cerfs de même*. Voyez ci-devant page 9.

HECTOR CATIN, Seigneur de Genoux, Confeiller Laïc au Parlement, fut pourvû de cette Charge fur la réfignation de Jean Catin fon pere : les Lettres de Provifions qui lui en furent expédiées à Paris, font en datte du 17 du mois de Mars 1660 ; il fut reçû le dernier du mois d'Avril fuivant, & mourut à Dijon le 21 Novembre 1667. Il a été inhumé dans l'Eglife des Cordeliers de cette Ville.

Il portoit comme son pere, *d'azur au Heaume d'argent, au chef de même, chargé de trois Merlettes de sable.*

Suports *deux Cygnes d'argent, chargés en cœur d'une Croix de Lorraine de sinople.*

Et pour Devise ces mots, SPOLIATIS, ARMA SUPERSUNT.

JEAN-BENIGNE MILLETOT, Conseiller Laïc au Parlement, fut pourvû de cette Charge par la résignation de Guy-Anne Milletot son pere, & en vertu des Lettres de Provisions qu'il en obtint à Paris le 10 du mois de Janvier 1660, il y fut reçû le 3 du mois de Fevrier suivant : après l'avoir exercée pendant vingt-deux ans, le Roi lui accorda des Lettres de Conseiller Honoraire, & il la résigna en faveur de François Perard, Seigneur de la Vaivre. Il mourut à Dijon le 31 du mois de Juillet 1711, & fut inhumé dans l'Eglise des Minimes.

 Il portoit au premier & quatriéme , *d'argent au Lyon de fable,*
armé & lampaffé de gueules , tenant de la patte droite une Rofe
feüillée & foutenüe de même ; au fecond & troifiéme *d'argent , à*
trois Porteaux de gueules.
 Cimier, *un Lyon naiffant , tenant une Rofe ,* comme deffus.
Voyés Palliot , pages 247 & 297.

PHILIBERT JANNON, Confeiller au Parlement, Commiffaire aux Requêtes du Palais, fut pourvû de cette Charge
par la réfignation de Charles Blanot ; il y fut reçû le dernier du
mois de Juin 1660 , en vertu de Lettres de Provifions du 10 du
mois de Mai précédent ; après l'avoir exercée pendant 29 ans, il
la réfigna à Loüis Jannon fon fils : Il fut inhumé dans l'Eglife
Collégiale de S. Etienne de cette Ville , le 9 du mois de Septembre 1692 ; & comme il étoit alors Vicomte-Mayeur de la Ville
de Dijon , fa Pompe funébre fut accompagnée des cérémonies
accoutumées lors de la mort du Vicomte-Mayeur , qui eft Chef
& Colonel de la Milice Bourgeoife.

Il portoit de *gueules à trois Quinte-Feüilles d'argent, deux en chef & une en pointe.*

FRANÇOIS-BERNARD LECOMPASSEUR, Seigneur de Courtivron & Tarsul, Conseiller Laïc au Parlement, fut pourvû de cette Charge sur la résignatiou de Claude Lecompasseur son pere le 10 Mars 1660, & reçû le 22 Juillet suivant ; après avoir exercé la Charge de Conseiller pendant 31 ans, il fut pourvû de la Charge de Président à Mortier : Voyés au Chapitre des Présidents où il en est fait mention.

JEAN DE BERBISEY, Baron de Vantoux, Seigneur de Belleneuve & Hauteville, Conseiller Laïc au Parlement, fut pourvû de cette Charge sur la résignation de Jacques de Berbisey son pere, & en vertu de Lettres de Provisions du 25 Fevrier 1655 : le Roi permit à ce dernier d'exercer cette Charge, quoiqu'il l'eut résignée, jusqu'à ce que Jean de Berbisey son fils eut l'âge prescrit par les Ordonnances, dont il étoit éloigné de cinq ans ; mais il plût à Sa Majesté de lui accorder dans la suite des Lettres de dispense d'âge, & il fut reçû le 28 du mois de Juin 1660 ; après 14 ans de service dans cette Charge, il passa à une de Président : Voyez ci-devant au Chapitre des Présidents.

Il portoit de Berbisey. Voyez ci-devant au Chapitre des Premiers Présidents, page 5.

PIERRE SAYVE, Conseiller Laïc au Parlement, fut pourvû de cette Charge sur la résignation d'Antoine Jacquotot, & en vertu de Lettres de Provisions du 12 du mois de Janvier 1661 ; il eut besoin de Lettres de dispense d'âge, & le Roi les lui accorda ; il fut reçû le 4 du mois de Février 1661 ; après une année ou environ d'exercice, il résigna en faveur de Claude Delacoste.

Il portoit *d'azur à la Bande d'argent, chargée de trois Couleuvres de gueules.* Voyés ci-devant au Chapitre des Chevaliers d'Honneur, & Palliot, pag. 73, 92, 179, 219 & 225.

PIERRE TAPIN, Seigneur de Perrigny, Conseiller au Parlement, Commissaire aux Requêtes du Palais, fut pourvû de cette Charge sur la résignation de Pierre Rigoley ; les Lettres de Provisions lui en furent expédiées à Paris le 3 du mois de Janvier 1661 ; il y fut reçû le 8 du mois de Février suivant : après l'avoir exercée près de 20 ans, il la résigna en faveur de Pierre-François-Bernard Legrand. Il mourut à Dijon le 11 Mars 1713 , où il est inhumé dans l'Eglise des Cordeliers.

Il portoit *d'azur au Chevron d'or, accompagné en chef de deux Etoiles, & en pointe d'un Pin de même.*

CLAUDE DELACOSTE THOIRIAT, Seigneur de Mauvilly, du Montet, de Varenne, Baron de Brandon & Chaudée, Conseiller Laïc au Parlement, fut pourvû de cette Charge sur la résignation de Pierre Sayve, en vertu des Lettres de Provisions du 15 Novembre 1661 ; il fut reçû le 31 du mois de Janvier 1662 ; après avoir exercé cette Charge pendant plus de 28 ans, il obtint du Roi des Lettres de Conseiller Honoraire. Il mourut à Paris au mois de Mars 1694, & son corps fut inhumé dans l'Eglise Paroissiale de S. André des Arcs : Claude de la Toison a succédé à cette Charge.

Il portoit *d'azur à cinq Cottiſſes d'or miſes en bande.*
Cimier *un Muſle de Lyon de même.* Et pour Deviſe ces mots
Piémontois : DI GIORNO IN GIORNO.

CLAUDE DE SOUVERT, Seigneur de Billy, Conſeiller
Laïc au Parlement, fut pourvû de cette Charge ſur la réſignation de Jean de Souvert ſon pere, en vertu de Lettres de Proviſions
du 21 du mois de Février 1662 ; il y fut reçû le 12 du mois de Mars
ſuivant ; après avoir exercé cette Charge pendant plus de 13 années,
il paſſa à celle de Préſident au Parlement : Il réſigna ſon Office de
Conſeiller à Jean-Baptiſte Bauhin. Voyez ci-devant au Chapitre des
Préſidents, où il en eſt fait mention.

ABRAHAM QUARRE', Conſeiller au Parlement,
Commiſſaire aux Requêtes du Palais, fut pourvû de cette
Charge ſur la réſignation de Jacques Fevret, & en vertu de Lettres
de Proviſions du 4 du mois de Mai 1662, il y fut reçû le 23 du
mois de Juin de la même année ; il obtint des Lettres de Conſeiller
Honoraire, après l'avoir exercée pendant 22 ans, & la réſigna en
faveur de Julien Clopin.

Il portoit *Echiqueté d'argent & d'azur*, *au Chef d'or, chargé d'un Lyon léopardé de fable.*
Pour Cimier *un Lyon naiffant de fable.*

CLAUDE-PALAMEDES BAUDINOT, Seigneur du Breüil, Confeiller Laïc au Parlement, fuccéda en cette Charge à Benoît-Palamedes Baudinot, Seigneur de Selore; il en obtint les Lettres de Provifions à Paris le 18 Février 1663, & s'y fit recevoir le 14 du mois de Mars de la même année; après 30 ans d'exercice, il obtint des Lettres de Confeiller Honoraire, & réfigna en faveur de Claude-Palamedes Baudinot fon fils.

Il portoit *de gueules à une Fasce d'or, & en chef trois Croissants d'argent.* Voyez Palliot , page 319.

JACQUES DE MUCIE, Conseiller Laïc au Parlement, fut pourvû de cette Charge sur la résignation de Jacques de Mucie son pere , & en vertu de Lettres de Provisions du 8 Juillet 1663. Il y fut reçû par Arrêt du 28 du même mois de la même année ; il exerça cette Charge pendant près de 19 ans, & passa ensuite à celle de Président à Mortier. Voyés au Chapitre des Présidents , où il en est fait mention.

LAZARE DE VILLERS, Conseiller Laïc au Parlement, fut pourvû de cette Charge sur la résignation de Philippe de Villers son pere ; les Lettres de Provisions lui en furent expédiées à Paris le 18 du mois d'Octobre 1663 ; il y fut reçû le 19 du mois de Novembre suivant ; après avoir obtenu des Lettres de dispense d'âge , il l'exerça pendant près de 23 ans, & la résigna ensuite à Guillaume Languet de Rochefort. Il mourut à Dijon le   & fut inhumé dans l'Eglise des Minimes.

Il portoit *d'azur au Chevron d'or , accompagné en chef de deux Roſes feüillées & ſoutenuës de même , & en pointe d'une Tour d'argent.*
Suports *deux Lyons d'or.*

EMILLAND VALON ARVISET, Conſeiller Laïc au Parlement, fut pourvû de cette Charge ſur la réſignation de Nicolas Valon ſon pere , & en vertu de Lettres de Proviſions du 7 du mois d'Octobre 1663 , il y fut reçû le 20 du mois de Novembre ſuivant ; quoiqu'il n'eut exercé cette Charge que pendant environ 13 ans , il obtint des Lettres de Conſeiller Honoraire , & réſigna en faveur de Benigne de Macheco.

Il portoit *d'azur à une Licorne d'argent.* Voyés Palliot, pages 209, 230, 288 & 298.

PHILIBERT-BERNARD LENET , Seigneur de Courgengou & Mazerotte , Conseiller Laïc au Parlement , fut pourvû de cette Charge par la résignation d'Antoine Valon qui ne se fit point recevoir, quoiqu'il en eut fait l'acquisition de Nicolas Milliére. Philibert-Bernard Lenet y fut reçû le 21 du mois de Novembre 1663, après avoir obtenu le 6 du mois d'Aout précédent des Lettres de Provisions & de dispense d'âge ; il l'exerça pendant 24 ans , & la résigna en faveur de Philippe-Eugene de Mongey ; le Roi lui accorda des Lettres de Conseiller Honoraire. Il est mort à Dijon le 7 du mois d'Aout 1728, & fut inhumé dans l'Eglise des Minimes où est sa Sépulture.

Il portoit *d'azur à la Fafce ondée d'argent, accompagnée de trois Quinte-feüilles de même.*
Cimier, *un Lyon naiffant.*
Suports, *deux Lyons.*

JACQUES BERBIS, Confeiller Laïc au Parlement, fut pourvû de cette Charge fur la réfignation de Benigne Berbis fon pere, & en vertu de Lettres de Provifions du 15 du mois de Septembre 1664 : Benigne Bouhier qui en avoit fait précédemment l'acquifition, & qui avoit obtenu des Lettres de Provifions, n'ayant pas voulu s'y faire recevoir, s'en démit volontairement en faveur de Jacques Berbis, qui y fut reçû le 4 du mois de Février 1665 ; il fut le feptiéme de fa Famille Titulaire de cette Charge. Il obtint après fa ré-fignation, des Lettres de Confeiller Honoraire ; Il mourut à Dijon le 5 Avril 1705, & fut inhumé dans l'Eglife de la Sainte Chapelle où eft fa Sépulture.

Il portoit *d'azur au Chevron d'or, accompagné en pointe d'une Brebis d'argent.*

Cimier, *une tête de Brebis de même.*

Suports, *deux Lyons.*

Et pour Devife ces mots, Sicut Ovis. Voyés Palliot, pages 174, 203, 220, & 304.

JACQUES-AUGUSTE ESPIARD, Seigneur de Vernot & Varenne, Confeiller Laïc au Parlement, fut pourvû de cette Charge fur la réfignation de Charles-Benigne de Thefut ; quoiqu'il ne fut pour lors âgé que de 22 ans, & qu'il eut dans le Parlement Claude-Efpiard fon frere confanguin, le Roi lui accorda le 8 du mois de Mai 1664 des Lettres de Provifions, de difpenfe d'âge & de parenté, & il fut reçû le 28 du mois de Mai 1665. Il mourut à Dijon le 16 du mois de Mai 1722, revêtu de cette Charge, après l'avoir exercée près de 57 ans, dont il en fut 21 Doyen de la Cour. Il eft inhumé dans l'Eglife Collégiale de S. Etienne.

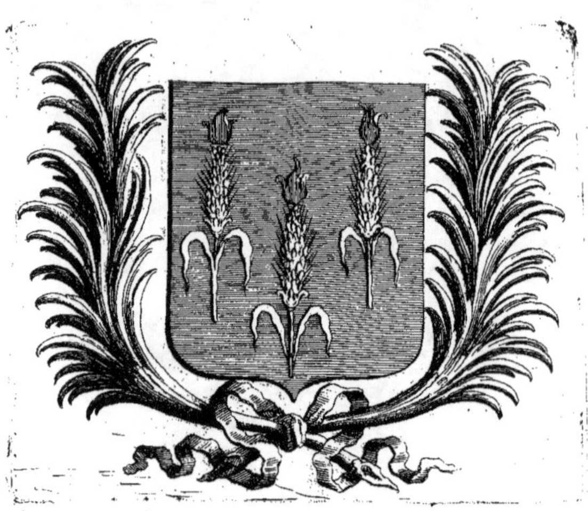

Il portoit comme Claude Efpiard fon frere. Voyés ci-devant, page 58.

CLAUDE-BERNARD GAILLARD , Seigneur de Montigny & Broindon, Confeiller Laïc au Parlement , fut pourvû de cette Charge vacante par la mort de Claude Perret , en vertu de Lettres de Provifions du 2 du mois de Février 1666; Pierre Prinftet qui en avoit traité précédemment, n'ayant pas voulu s'y faire recevoir , fit fa démiffion en faveur de Claude-Bernard Gaillard , qui y fut reçû le 10 du mois de Mars 1666 , & qui après 23 ans de fervice , la réfigna à Etienne de Clugny.

Il portoit comme son pere, *d'azur à deux Coutelas d'argent passés en sautoir, les Gardes & Poignées d'or.* Voyés Palliot, page 305.

PIERRE FEVRET, Conseiller Clerc au Parlement, Chancelier & Chanoine de la Sainte Chapelle du Roi à Dijon, fut pourvû de cette Charge vacante par la mort de Philippe Bernard, en vertu de Lettres de Provisions du 21 du mois de Juillet 1666, & y fut reçû le 11 du mois d'Aout de la même année. Jean-Anne Carrelet Chanoine en la même Eglise, qui en avoit traité, ne s'y fit point recevoir, & s'en démit en faveur de Pierre Fevret, qui l'exerça pendant près de 45 années, & qui en étoit revêtu à sa mort : Il mourut à Dijon le 18 du mois de Décembre 1706. Il légua en mourant sa Bibliotéque aux Jésuites de la Ville de Dijon, à la charge qu'elle seroit publique & ouverte deux fois la semaine. Il est inhumé dans l'Eglise de la Sainte Chapelle, où il a fondé l'Office Décanal de la Fête de S. Pierre.

Il portoit *d'argent, à une Hure de Sanglier arrachée de sable, armée d'argent, lampassée d'une Flâme de gueules, écartelé d'azur à une Bande d'or de trois piéces.*

Cimier, *une Hure de Sanglier comme dessus.* Voyez Palliot, pag. 259 & 314.

ANTOINE ESPIARD, Prevôt de l'Eglise de S. Etienne de Dijon, Seigneur de Saulx & la Courtine, Conseiller Clerc au Parlement, fut pourvû de cette Charge sur la résignation de Jean Fyot de la Marche, & en vertu de Lettres de Provisions du 21 du mois de Juillet 1666; Il y fut reçû le 15 du mois de Décembre de la même année, & l'a exercée jusqu'à sa mort arrivée le 15 du mois de Mai 1695. Il est inhumé dans l'Eglise Paroissiale de S. Michel,

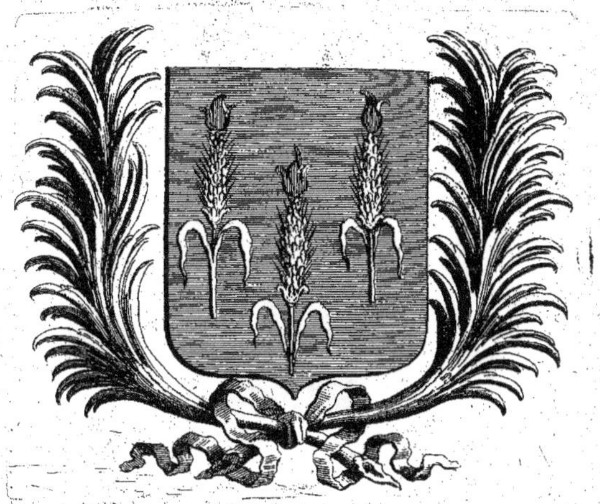

Il portoit comme Jacques-Augufte Efpiard : Voyez ci-devant, page 77.

EDME GONTIER, Seigneur d'Auvillars, Confeiller au Parlement, fut pourvû de cette Charge vacante par la mort d'Hector Catin : les Lettres de Provifions qu'il en obtint font dattées de S. Germain en Laye, du 27 du mois de Mai 1668, & il fut reçû le 22 du mois de Juin fuivant : après plus de 20 ans de fervice, le Roi lui accorda des Lettres de Confeiller Honoraire : Il réfigna en faveur de Jean Jehannin, & mourut le 25 Octobre 1709. Il eft inhumé en l'Eglife de S. Pierre de cette Ville, où eft fa Sépulture.

 Il portoit *d'azur à une Fasce d'or, chargée d'une Etoile de gueules, accostée de deux Hures de Sanglier, arrachées & affrontées de sable, accompagnées de trois Gonds d'argent, deux en chef & un en pointe.*

PIERRE BOURE'E, Conseiller au Parlement, fut pourvû de cette Charge par la résignation de Jean de Cirey ; & en vertu de Lettres de Provisions du 16 du mois de Mai 1668, il y fut reçû le 8 du mois de Juillet de la même année. Après l'avoir exercée pendant douze ans seulement, il la résigna à Bernard de la Michaudiére : il mourut à Dijon le 19 du mois de Mai 1720, & fut inhumé dans l'Eglise Collégiale & Paroissiale de S. Jean, où est sa Sépulture.

Il portoit *d'azur à trois Etoiles d'argent, deux en chef &*
une en pointe, & deux Croiſſans de même, adoſſés & mis en
faſce.

CLAUDE DEMAILLARD, Conſeiller au Parlement,
fut pourvû de cette Charge par la réſignation de Jean de Maſſol ;
il en obtint les Lettres de Proviſions le 23 du mois de Mai 1669,
& y fut reçû le 12 du mois de Juillet ſuivant : après l'avoir exercée pendant près de 50 ans, il mourut à Dijon le 4 Janvier 1720,
& y fut inhumé dans l'Egliſe des Cordeliers, où eſt ſa Sépulture.
Philibert Démaillard ſon fils eſt actuellement Titulaire de cette
Charge.

Il portoit *d'argent à la Bande de gueules, chargée de trois Lys d'argent, & accostée de six Merlettes de sable.*

PIERRE BOUCHU, Seigneur de Pluvié, Conseiller au Parlement, fut pourvû de cette Charge par la démission de Nicolas Genreau, qui en avoit traité, sans s'y faire recevoir, avec la Veuve de Jean-François-Rémond de Gand dernier Titulaire; les Lettres de Provisions qu'en obtint Pierre Bouchu, lui furent expédiées à S. Germain en Laye le 19 du mois de Janvier 1670, & il y fut reçû le 14 du mois de Février suivant; après l'avoir exercée pendant 19 ans, il la résigna en faveur de Jean Quarré, pour passer à la Place de Premier Président à la Chambre des Comptes de Bourgogne, & ensuite à celle de Premier Président au Parlement de la même Province. Voyez ci-devant au Chapitre des Premiers Présidents.

JOSEPH-FRANÇOIS BRETAGNE, Baron de Grignon, Seigneur d'Orain & des Bordes, Conseiller au Parlement, fut pourvû de cette Charge par la résignation de François Bretagne son pere; il y fut reçû le 25 du mois de Mai 1672, après en avoir obtenu des Lettres de Provisions le 14 du mois de Février précédent. Il en étoit revêtu lorsqu'il mourut à Dijon le 14 du mois d'Août 1709, après 37 ans de service. Il est inhumé dans l'Eglise de S. Etienne, où est sa Sépulture.

Il portoit comme François Bretagne son pere , *d'azur à une Fasce d'or ondée , accompagnée de trois Grelots d'or en chef, & d'un Croissant d'argent en pointe.*

Pour devise ces mots : NE QUID NIMIS. Voyez Palliot, pages 66, 213, 233, 250, 252, 268, 297, 305, & 318.

JEAN DE LA MOTTE, Conseiller au Parlement, fut pourvû de cette Charge par la résignation de Jacques de Thésut, en vertu de Lettres de Provisions du 6 Février 1672, & y fut reçû le 25 du mois de Mai de l'année suivante. Il mourut dans l'exercice de cette Charge le

Il portoit *d'azur au Chevron d'or, accompagné de trois Glands de même, deux en chef & un pointe.*

JOSEPH DE GRENAUD, Marquis de Rougemont, Baron de Colier, Seigneur de Champagne, Roche & Mortarey, premier Elû de la Nobleſſe de Bugey, Conſeiller au Parlement, fut pourvû de cette Charge vacante par la mort de Guillaume Bernardon, en vertu de Lettres de Proviſions du 30 du mois de Décembre 1671, & il y fut reçû le 30 du mois de Juin de l'année ſuivante : Charles Gillet qui en avoit traité, ne s'y fit point recevoir : Joſeph de Grenaud la réſigna après 22 ans d'exercice, en faveur d'Abraham Quarré. Le Roi lui accorda des Lettres de Conſeiller Honoraire, & érigea en Marquiſat ſa Terre de Rougemont par d'autres Lettres qui furent enrégiſtrées au Parlement le 9 du mois d'Août 1694. Il eſt mort à

Il portoit *de gueules à deux Bandes ondées d'argent.*
Pour Suports, *deux Lyons d'or.*
Et pour Cimier, *un Lyon naiſſant de même.*

HUBERT GUYARD, Seigneur de Changey, Conſeiller au Parlement ; après la réſignation que lui fit de cette Charge Richard Valon Arviſet, il en obtint les Lettres de Proviſions à Paris, le 5 du mois de Septembre 1671, & fut reçû le 8 Juillet de l'année ſuivante. Après l'avoir exercée pendant près de 30 ans, il la réſigna en faveur d'Hubert Guyard ſon fils ; il obtint des Lettres de Conſeiller Honoraire, & mourut à Dijon le 7 du mois de Mai 1720. Il ordonna que ſon Corps fut porté & inhumé auprès de la Dame ſa femme, dans l'Egliſe de ſa Terre de Changey.

Il portoit *d'azur à une Croix d'argent, accompagnée dans cha-cune des extrémités supérieures, d'une Etoile de même.*
Suports, *deux Aigles d'or.*

JACQUES BLANOT, Seigneur de Préjailly, Santigny & Savey, Conseiller au Parlement, fut pourvû de cette Charge par la résignation de Benigne Bouhier ; & en vertu de Lettres de Provisions du 23 du mois de Mai 1672, il y fut reçû le 12 du mois d'Août suivant, & obtint ensuite des Lettres de Conseiller Honoraire. Il mourut dans son Fief de Préjailly le 27 du mois de Juin 1715, & ordonna avant sa mort, que son corps après son décès, fut transporté & inhumé dans l'Eglise de Nôtre-Dame de Semur, ce qui fut exécuté.

Il portoit comme ſon pere & ſon oncle, *d'azur à trois Epics d'or, ſortants d'une même racine, iſſants d'un Croiſſant d'argent en pointe.*

Et pour deviſe ces mots : TANDEM FLAVESCENT. Voyez Palliot, page 315.

CHARLES DARLAY, Conſeiller Clerc au Parlement, fut pourvû de cette Charge en vertu de Lettres de Proviſions du 14 du mois de Juillet 1672, & y fut reçû le 7 du mois de Décembre de la même année. Jacques Leblin à qui les Proviſions en avoient été expédiées, ſur la réſignation de ſon pere, n'ayant pas voulu s'y faire recevoir, & s'en étant démis en faveur de Charles Darlay ; ce dernier l'exerça juſqu'à ſa mort, arrivée à Dijon le 14 de Juin 1691, & fut inhumé dans l'Egliſe des Carmes, en la Chapelle où eſt ſa Sépulture.

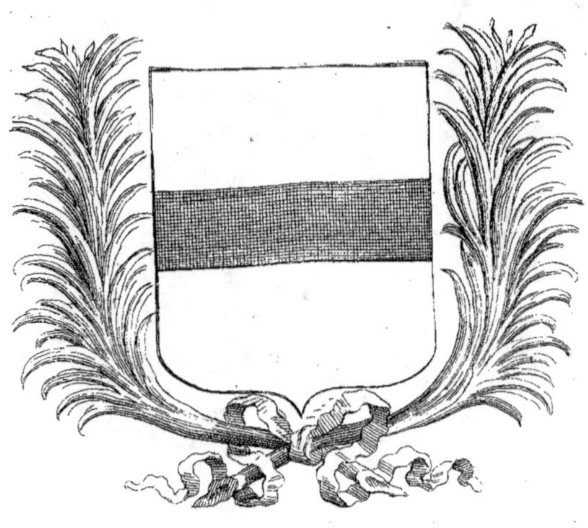

Il portoit *d'argent, à une Fasce de sable.*

JEAN-JACQUES LEBELIN, Seigneur du Pasquier, Conseiller Laïc au Parlement, fut pourvû de cette Charge par la démission de Philippe Fyot, & en vertu de Lettres de Provisions du 9 du
mois de Février 1673, il y fut reçû le 4 du mois de Mars de l'année
suivante : Il l'exerça jusqu'à sa mort qui arriva le 23 Octobre 1702 :
Il fut inhumé dans l'Eglise de sa Terre du Pasquier.

Il portoit *de finople, à trois Beliers accornés d'argent, les deux du chef fautans & affrontés, celui de la pointe pofé en pied.*
Cimier, *un Oifeau de Paradis au naturel :* Voyez Palliot, page 307.

ETIENNE MALTESTE, Seigneur des Tarts, Con-feiller Laïc au Parlement, fut pourvû de cette Charge par la réfignation de Claude Maltefte fon pere : les Lettres de Provifions lui en furent expédiées à S. Germain en Laye, le 6 du mois de Février 1673, & le 8 du mois de Mars fuivant il y fut reçû : Après 31 ans de fervice, il obtint des Lettres de Confeiller Hono-raire, & la réfigna à Jacques Vitte. Il mourut à Lyon le 27 du mois d'Août 1706, & y fut inhumé au Chœur de l'Eglife des Céleftins.

Il portoit comme son pere, *tiercé en Fasce*, au premier, *d'azur à une Fleur de Lys d'or*, au deux, *d'or*, & au troisiéme, *de gueules, à un Croissant d'argent*. Voyés Palliot, page **322**.

LOUIS GIRARD, Seigneur de Thil, Conseiller Laïc au Parlement, fut pourvû de cette Charge par la résignation de François Bailly, & en obtint les Lettres de Provisions le 19 du mois de Janvier 1673; il y fut reçû le 22 du mois de Mars suivant, l'exerça pendant environ 15 ans, & la résigna en faveur de Benigne Fleutelot.

Il portoit *d'azur, à trois Bandes d'or.*

CATHERINE FLEURY, Confeiller Laïc au Parlement, fut pourvû de cette Charge par la réfignation de Jean Bouhier, & en obtint des Lettres de Provifions le 7 du mois de Décembre 1673 ; Il y fut reçû le 30 du mois de Janvier de l'année fuivante, l'exerça pendant 15 ans, & jufqu'à fon décès. Il mourut à Dijon le 17 du mois de Mai 1692, & y fut inhumé dans l'Eglife Collégiale & Paroiffiale de S. Jean.

Il portoit *de Sinople au Chevron d'argent, au Lys naturel, en pointe de même.*

GUILLAUME JOLY, Seigneur de Norges, Conseiller Laïc au Parlement, fut pourvû de cette Charge par la résignation d'Henri-François Garnier, & en vertu de Lettres de Provisions du 20 du mois de Mars 1674, & fut reçû le 18 du mois d'Avril suivant : Après vingt ans de service, le Roi lui accorda des Lettres de Conseiller Honoraire.Il est mort à Dijon le premier Mars 1679, & fut inhumé dans l'Eglise des Cordeliers, dans la Chapelle où est sa Sépulture : On y voit un beau Mausolée de marbre, élevé à la mémoire de Georges Joly Président au Parlement, son pere. Voici l'Inscription qui s'y trouve. *

D. O. M.

Hic situs est

GEORGIUS JOLY, *Eques, Baro de Blaisy,*
Regi ab omnibus Consiliis, in Senatu
Burgundiæ secundus Præses ; integritate
Vitæ, morum gravitate, prudentiâ, doctrinâ,
Juris dicundi solertiâ, præstantissimus ;
Obiit, Calend. Martii, anno M. D. C. LXXIX.
ANTONIUS *è Senatu Parisiensi*
Patri optimo P.

* **Nota.** Que l'Epitaphe fut mis par les soins d'Antoine Joly de Blaisy, pour lors Conseiller au Parlement de Paris.

Il portoit comme son pere , *écartelé au premier & quatriéme d'azur, au Lys naturel d'argent , au Chef d'or chargé d'une Croix patée de sable , au deux & trois d'azur au Leopard d'or armé de gueules*.

PIERRE LEGOUZ, Conseiller Laïc au Parlement, succéda en cette Charge à Benigne Legouz son pere qui la lui résigna : Il en fut pourvû en vertu de Lettres de Provisions du 20 du mois de Janvier 1674, & il y fut reçû le 20 du mois d'Avril suivant. Il mourut à Dijon le 19 Août 1702 , & y fut inhumé au milieu du Chœur de l'Eglise de Nôtre-Dame, où est sa Sépulture.

Il portoit *de gueules à une Croix endenchée d'or, cantonnée de quatre fers de Lances d'argent.*

Pour Cimier, *deux Banderolles de gueules, les Lances d'argent ferrées de même, passées en sautoir.*

Pour Suports, *deux Griffons d'or.* Voyez Palliot, p. 306 & 340.

PHILIPPE DE LA MARE, Conseiller Laïc au Parlement, fut pourvû de cette Charge par la résignation de Philibert de la Mare son pere; Il obtint des Lettres de Provisions & de dispense d'âge le 23 du mois de Février 1674, en vertu desquelles il fut reçû le 23 du mois d'Avril de la même année ; après environ 37 ans de service, il résigna en faveur de Pierre de la Mare son fils ; il mourut à Dijon le 4 du mois de Mai 1714, & y fut inhumé dans l'Eglise des Cordeliers, dans la Chapelle où est sa Sépulture.

Il portoit comme son pere. Voyés Palliot, page 311.

BENOIST LEGOUZ-MAILLARD, Seigneur de S. Seine sur Vingeanne, Conseiller Laïc au Parlement, fut pourvû de cette Charge vacante par la mort de Bernard-Anne Potet; il en obtint les Lettres de Provisions le 25 du mois de Janvier 1674, & y fut reçû le 28 du mois d'Avril suivant; il s'en démit en faveur de Jean de Berbisey, lorsqu'il passa à celle de Président au même Parlement.

Il portoit . . . . . Voyez au Chapitre des Présidens, page 16.

ANTOINE GAGNE, Seigneur de Perigny, Domoy, le Tillet, & le Sauvement, Conseiller Laïc au Parlement, fut pourvû de cette Charge par la résignation de Jean de Berbisey qui fut revêtu d'une Charge de Président au Parlement ; les Lettres de Provisions d'Antoine Gagne lui furent expédiées à S. Germain en Laye le 5 du mois de Février 1674, & il fut reçû le dernier du mois de Mai de la même année ; il exerça cette Charge pendant 37 ans, & la résigna ensuite à Philibert-Bernard Gagne son fils. Il mourut à Dijon au mois de Septembre 1720, & y fut inhumé dans l'Eglise de S. Michel, dans la Chapelle où est sa Sépulture.

Il portoit comme Philibert-Bernard Gagne son fils. Voyez au Chapitre des Présidents, page 27.

PIERRE FEVRET, Conseiller Laïc au Parlement, fut pourvû de cette Charge en vertu de la résignation d'Antoine Bretagne ; & après avoir obtenu des Lettres de Provisions le 22 du mois de Février 1674, il y fut reçû le 25 du mois de Mai suivant ; il la résigna en faveur de Philippe Fyot de la Marche, après dix ans de service ; & mourut à Dijon le 28 Décembre 1706. Il y est inhumé dans l'Eglise Collégiale & Paroissiale de S. Jean, dans la Chapelle où est sa Sépulture.

Il portoit comme son pere. Voyez ci-devant p. 80, & Palliot, p. 259 & 314.

BENIGNE DE MACHECO, Seigneur de Premeaux, Villy, Champrenaud & Segrois, Conseiller Laïc au Parlement, fut pourvû de cette Charge par la résignation d'Emilland Valon Arviset, & en vertu de Lettres de Provisions du 18 du mois de Janvier 1674; il y fut reçû le 2 du mois de Juin de la même année; après l'avoir exercée pendant 31 ans, il la résigna à Jean-Charles de Macheco son fils, qui en est actuellement pourvû; & mourut à Dijon le 18 Mai 1713. Il est inhumé dans l'Eglise de la Sainte Chapelle, où est la Sépulture de ses ancêtres.

Il portoit d'azur au Chevron d'or, accompagné de trois têtes de Perdrix, arrachées de même, deux en chef & une en pointe.
Suports, *deux Coqs.*
Cimier, *une tête de Coq.*
Et pour Devise ces mots : J'AI BON BEC ET BON ONGLE.

JEAN-BAPTISTE LANTIN, Seigneur de Montagny, Conseiller Laïc au Parlement, fut pourvû de cette Charge par la résignation de Nicolas de la Toison, en vertu de Lettres de Provisions du 16 du mois de Février 1674, & y fut reçû le 16 du mois de Juin suivant ; il l'exerça jusqu'à son décès, & mourut à Dijon le 16 Juin 1687. Il est inhumé dans l'Eglise Collégiale de S. Etienne, où est sa Sépulture.

Il portoit. Voyez ci-devant , p. 52 , & Palliot , p. 277 & 316.

ANTOINE-BERNARD COMEAU, Seigneur de la Chauffelle , Conſeiller Laïc au Parlement , fut pourvû de cette Charge , vacante par la mort de Jean-Loüis de Montgey , après en avoir obtenu des Lettres de Proviſions à S. Germain en Laye , le 30 du mois de Décembre 1673 ; & il y fut reçû le 16 du mois de Juin de l'année ſuivante. Il l'exerça juſques à ſa mort, arrivée à Dijon le 19 du mois de Mars 1719 ; il y eſt inhumé dans l'Egliſe Collégiale de S. Etienne , où eſt ſa Sépulture.

Il portoit *d'azur à une Fasce d'or , accompagnée de trois Comettes d'argent , deux en chef , & une en pointe.*
Suports, *deux Lions.*

JEAN-BAPTISTE BAUYN, Conseiller Laïc au Parlement, fut pourvû de cette Charge par la résignation de Claude de Souvert , qui passa à celle de Président au Parlement ; il en obtint les Lettres de Provisions le 5 du mois de Février 1674, & y fut reçû le 8 du mois d'Aout suivant. Après avoir résigné à Jacques de Mucie, & obtenu du Roi des Lettres de Conseiller Honoraire, il mourut à Dijon le 8 Septembre 1727, & y fut inhumé dans l'Eglise Collégiale & Paroissiale de S. Jean.

Il portoit *d'azur au Chevron d'or, accompagné de trois Mains d'argent mises en fasce, deux en chef, & une en pointe.*

PIERRE FOURNIER, Seigneur de la Borde, Conseiller Laïc au Parlement, Commissaire aux Requêtes du Palais, fut pourvû de cette Charge par la résignation de François de la Croix, & en vertu de Lettres de Provisions du 2 du mois d'Aout 1674; il y fut reçû le 27 du mois de Mars de l'année suivante, & mourut à la Borde le 13 Septembre 1704, après 15 ans de service, & dans l'exercice actuel de cette Charge. Il est inhumé dans l'Eglise de Chailly.

Il portoit *de gueules à une Tour d'argent.*
Suports, *deux Griffons d'or.*

FRANÇOIS THOMAS, Conseiller Laïc au Parlement, fut pourvû de cette Charge par la résignation de Pierre Dumay ; les Lettres de Provisions lui en furent expédiées à S. Germain en Laye le 21 Mars 1675, & il y fut reçû le 4 du mois de Mai suivant ; après 20 ans de service, il obtint du Roi des Lettres de Conseiller Honoraire, & résigna en faveur de Claude-Joseph Guye, Seigneur de l'Abergement. Il mourut à Dijon le 18 Février 1720, & fut inhumé dans l'Eglise Collégiale de S. Etienne, où est sa Sépulture.

Il portoit, *d'azur à une Fasce d'or, chargée en cœur d'une Etoile de gueules, & accompagnée de deux Quintes-feüilles d'argent en chef, & d'un Croissant de même en pointe.*
Pour Suports, *deux Griffons d'or.*
Et pour Devise ces mots, NON EST MORTALE QUOD OPTO.
Voyez Palliot, p. 224 & 249.

ANTOINE-CLAUDE GUYE DE VORNES, Conseiller au Parlement, Commissaire aux Requêtes du Palais, fut pourvû de cette Charge par la résignation de Simon Guyet, & en vertu de Lettres de Provisions du 14 du mois de Mars 1675 ; il y fut reçû le   du mois de Mai suivant, & l'a exercée pendant 28 années, & jusqu'à son décès. Il mourut à Dijon le 28 Septembre 1707, & y fut inhumé dans l'Eglise de S. Etienne, où est sa Sépulture. Claude Guye de Vornes son fils qui est actuellement pourvû d'une Charge de Conseiller au Parlement, lui avoit précédemment succédé en celle de Conseiller Commissaire aux Requêtes du Palais.

 Il portoit comme fon pere , Préfident à Mortier au Parlement de Dombes, *d'or à une Fafce d'azur , accompagnée de trois Rofes de gueules.*
Pour Suports, *deux Lions.*

PIERRE RIGOLEY, Seigneur de la Chaume , Corgoloin, Vifargent , Chevigny S. Sauveur , & Corcelle en Montvault , Confeiller Laïc au Parlement , fut pourvû de cette Charge par la réfignation de Loüis de Beuverand ; il en obtint les Lettres de Provifions le 29 du mois de Mars 1675, & fut reçû le 15 du mois de Mai de la même année ; après l'avoir exercée pendant 29 ans , il la remit à Pierre Rigoley fon fils qui en eft aujourd'hui Titulaire ; il obtint après fa démiffion des Lettres de Confeiller Honoraire. Il eft mort à Dijon le 4 du mois de Mai 1708, & fut inhumé dans l'Eglife Paroiffiale de S. Pierre , où eft fa Sépulture.

Il portoit *d'azur au Chevron d'or, accompagné de deux Etoiles de même en chef, & d'un Faisand d'or en pointe.*
Pour Suports, *deux Lions.*

PIERRE DE BROSSES, Conseiller Laïc au Parlement, fut pourvû de cette Charge par la résignation d'Antoine-Bernard Gagne, & en vertu de Lettres de Provisions du 19 du mois de Décembre 1675 ; le 25 du mois de Février 1676 il y fut reçû, & l'a exercée jusques au 21 du mois de Mai 1704, jour de son décès. Il fut inhumé à Dijon dans l'Eglise de S. Michel, dans la Chapelle où est sa Sépulture. Charles de Brosses son fils lui succéda en cette Charge.

Il portoit comme son pere, *d'azur à trois Treffles d'or.*
Pour Suports, *deux Lions de même.*

JEAN LEBAULT, Conseiller Clerc au Parlement, Doyen du Chapitre de Saulieu, fut pourvû de cette Charge, vacante par la mort de Philippe Bernard ; il y fut reçû le 11 du mois de Mars 1676, en vertu de Lettres de Provisions du 9 du mois de Janvier précédent. Il mourut à

Il portoit *d'azur, à une Tête de Bœuf d'or.*

CHARLES DE LA BOUTIERE, Seigneur de Chagny, Conseiller Laïc au Parlement, fut pourvû de cette Charge, vacante par la mort de Jean Maillard, en vertu de Lettres de Provisions du 7 du mois d'Avril 1676, & y fut reçû le 8 du mois d'Août de la même année ; il l'exerça pendant 12 ans, & la résigna en faveur de Charles d'Arlay, pour passer à une Charge de Maître des Requêtes. Il traita ensuite d'une Charge de Président au Parlement, mais il s'en démit en faveur de Lazare Baillet, sans s'y faire recevoir. Il mourut à Paris au mois de Juin 1710, & fut inhumé dans l'Eglise des Chanoines Réguliers de S. Victor.

Il portoit *d'azur à une Fafce d'or, accompagnée de trois Croif-*
fants de même, deux en chef, & un en pointe. Voyez Palliot,
p. 153 & 310.

BERNARD BERNARD, Seigneur de Trouhans, Confeil-
ler Laïc au Parlement, fut pourvû de cette Charge, vacante par la
mort de Jean Bernard ; il en obtint les Lettres de Provifions à
Paris le 29 du mois d'Avril 1677 , & fut reçû le 26 du mois de
Mai de la même année ; après 34 ans de fervice , le Roi lui accorda
des Lettres de Confeiller Honoraire , & il réfigna en faveur d'Edme-
Etienne-François Champion. Il mourut à Dijon le 19 Avril 1719 ,
& fut inhumé en l'Eglife de S. Michel , dans la Chapelle où eft
fa Sépulture.

Il portoit comme fon pere. Voyez ci-devant p. 63, & Palliot, p. 258 & 302.

GUILLAUME BURTEUR, Confeiller Laïc au Parlement, Commiffaire aux Requêtes du Palais, obtint pour cette Charge, vacante par la mort d'André Fleutelot, des Lettres de Provifions qui lui furent expédiées à S. Germain en Laye le 23 du mois d'Avril 1678 ; il y fut reçû le 22 du mois de Juin fuivant. Sa mort fuivit de près fa réception. Il décéda le 28 Novembre 1678 & fut inhumé dans l'Eglife Collégiale & Paroiffiale de S. Jean.

Il portoit *d'azur au Chevron d'or, accompagné de trois Fleches posées en pal, la pointe en bas, deux en chef & une en pointe.*
Suports, *deux Sauvages au naturel, tenant d'une main l'Ecusson, & de l'autre un Arc.*
Et pour Devise : Vᴜʟᴄᴀɴᴀ ᴛᴇʟᴀ ᴍɪɴɪsᴛʀᴀɴᴛ.

ETIENNE PERARD, Conseiller au Parlement, Commissaire aux Requêtes du Palais, fut pourvû de cette Charge par la résignation de Jules Perard son pere ; il en obtint des Lettres de Provisions dattées de Chaville, le 18 du mois de Mai 1678, & fut reçû le 12 du mois d'Aout de la même année : Après environ 36 ans de service, il résigna en faveur de Jules-François Perard son fils, & le Roi lui accorda des Lettres de Conseiller Honoraire.

Il porte *de gueules à une Bande d'argent , chargée d'un Ours de sable , au Chef d'or.* Voyez ci-devant p. 57, & Palliot p. 319.

G EORGE DE BERBISEY, Conseiller Laïc au Parlement, fut pourvû de cette Charge vacante par la mort de George de Berbisey son pere, en vertu de Lettres de Provisions du 28 du mois d'Octobre 1678, & s'y fit recevoir le 7 du mois de Décembre de la même année. Après 32 ans d'exercice il la résigna en faveur de Nicolas Thomas, qui en est aujourd'hui pourvû. George de Berbisey mourut à Dijon le 14 Juin 1711, & fut inhumé dans l'Eglise des Carmes où est sa Sépulture.

Il portoit *d'azur, à une Brebis paissante d'argent*. Voyez ci-devant au Chapitre des Premiers Présidents, p. 5, & Palliot p. 89, 183, 260, 290, 311, 349, & 352.

PHILIBERT JEHANNIN, Conseiller Laïc au Parlement, fut pourvû de cette Charge vacante par la mort de Jean de la Motte, & en obtint les Lettres de Provisions à Fontainebleau le 25 du mois de Septembre 1678; il y fut reçû le 14 du mois de Décembre de la même année; il résigna après 20 ans d'exercice, en faveur d'Etienne Dagonneau, & le Roi lui accorda des Lettres de Conseiller Honoraire. Il mourut à Dijon le 24 du mois de Juin 1718, & y fut inhumé dans l'Eglise Paroissiale de S. Michel, dans la Chapelle où est sa Sépulture.

Il portoit d'azur à la Bande de trois piéces d'or, au Chef de mê-
me, chargé de deux Etoiles de gueules.

NICOLAS PERRENEY, Seigneur de Grosbois, Conseiller Laïc au Parlement, fut pourvû de cette Charge, par
la résignation de Nicolas Perreney son pere, & en obtint les Lettres
de Provisions à Paris, le 15 du mois de Novembre 1678 ; il y fut
reçû le 3 du mois de Janvier 1679 : Il l'exerça pendant près de 30
ans, & mourut à Dijon le 24 du mois de Novembre 1707 ; il y est
inhumé dans l'Eglise de S. Jean où est sa Sépulture. Nicolas-Claude
Perreney son fils lui succéda en cette Charge, & fut ensuite pourvû de celle de Président au Parlement.

Il portoit *d'azur, semé d'Etoiles d'or.* Voyez ci-devant au Chapitre des Préfidents, p. 31, & Palliot p. 329.

ETIENNE MILLIERE, Prieur Commendataire du
Prieuré d'Epoiffe de l'Ordre de Grammont, Prêtre, Chanoine en
la Sainte Chapelle du Roi à Dijon, Confeiller Clerc au Parlement, fut
pourvû de cette Charge vacante par la mort de Pierre Legouz-Morin,
en vertu de Lettres de Provifions du 15 du mois de Novembre 1679,
& fut reçû le premier du mois de Mars 1680. Il mourut à Dijon après
27 ans de fervice, le 24 du mois d'Octobre 1706 ; il y eft inhumé à
la Sainte Chapelle, fous l'Aigle du Chœur, dans le Tombeau de Jean
Milliere fon grand Oncle, Doyen de cette Eglife.

Il portoit *d'azur à trois Millets d'or, deux en chef, & un en pointe.*

Cimier. *Une Tête de Licorne d'argent.*

Et pour Devise ces mots, CÆLESTI, AURATUM MILLIUM, TER GERMINAT AGRO. Voyez Palliot, p. 250, 253 & 287.

JEAN BURTEUR, Conseiller au Parlement, Commissaire aux Requêtes du Palais, fut pourvû de cette Chage vacante par le décès de Guillaume Burteur son pere ; après en avoir obtenu des Lettres de Provisions le 8 du mois de Mai 1679 , il y fut reçû le 14 du mois de Juin suivant. Le Roi lui accorda des Lettres de Conseiller Honoraire après 23 ans de service ; ensuite il résigna en faveur d'Octave Cottin , Seigneur de la Barre , son gendre.

Il porte comme Guillaume Burteur. Voyez ci-devant, p. 112.

JEAN BAILLET, Seigneur de Creſſey, Eſſigey, Brazey, & Baron de S. Julien, Conſeiller Laïc au Parlement, fut pourvû de cette Charge, ſur la réſignation qu'en fit en ſa faveur Jean-Claude Jacob; les Lettres de Proviſions lui en furent expédiées à S. Germain en Laye, le 5 du mois de Fevrier 1680; il s'y fit recevoir le 13 du mois de Mars ſuivant, & après l'avoir exercée pendant 13 ans, il la réſigna en faveur de Benigne de Cirey, pour paſſer à celle de Premier Préſident à la Chambre des Comptes de Bourgogne. Il mourut à Dijon le 5 Novembre 1730, & y fut inhumé dans l'Egliſe de Nôtre-Dame, où eſt ſa Sépulture.

Il porte..... Voyez au Chapitre des Présidents, p. 18, & Palliot
p. 54, 212, 227, 248, 260, 291, 329, & 335.

BERTRAND DE LA MICHODIERE, Conseiller
Laïc au Parlement, fut pourvû de cette Charge par la résignation de Pierre Bourrée, & en vertu de Lettres de Provisions dattées
de Chaville, le 19 du mois de Juillet 1680, & s'y fit recevoir le 9
d'Aout de la même année : il l'exerça jusques à son décès, & mourut à Dijon le 17 du mois de Décembre 1698. Il est inhumé dans l'E-
glise Paroissiale de S. Nicolas.

Il portoit *d'azur*, *à la Fasce d'or chargée d'une Levrette de sable*.
Suports, *deux Levrettes*.

ANTIDE DE MIGIEU, Conseiller Laïc au Parlement, Président aux Requêtes du Palais, succéda en cette Place à Guy de Migieu son pere, qui l'avoit occupée pendant 39 ans; il passa ensuite à celle de Président au Parlement. Voyez au Chapitre des Présidents, page 17.

CLAUDE GARRON, Baron de Chatenay & d'Hauvet, Seigneur de Corrobert, Corent & Brosses, Conseiller Laïc au Parlement, fut pourvû de cette Charge vacante par la mort de Philibert de la Mare; il en obtint les Lettres de Provisions le 23 du mois d'Octobre 1681, & s'y fit recevoir le premier du mois de Décembre suivant. Il avoit été précédemment pourvû de la Charge de Lieutenant Particulier, & Assesseur Criminel au Bailliage & Siege Présidial de Bourg en Bresse; il exerça celle de Conseiller au Parlement, pendant 15 ans, & passa ensuite à celle de Président à Mortier au Parlement de Dombes; il en étoit revêtu lorsqu'il mourut à Bourg le 26 du mois d'Avril 1697; il est inhumé dans l'Eglise des Religieuses de Ste. Claire de la même Ville.

Il portoit *d'azur au Befan d'or, au Chef d'argent chargé de trois Croix ancrées de gueules.*
Cimier, *deux Aigles d'or.*

HECTOR-BERNARD POUFFIER, Seigneur d'Ayfe-rey & Velogny, Confeiller Laïc au Parlement, fut pourvû de cette Charge vacante par la mort de Jean-Baptifte Pouffier fon oncle, en vertu de Lettres de Provifions, du 20 du mois de Novembre 1681. Il n'avoit pas l'âge requis par les Ordonnances, pour exercer cette Charge, mais le Roi lui en accorda des Lettres de difpenfe : Il y fut reçû le 9 du mois de Décembre 1681, & l'exerce aujourd'hui en qua-lité de Doyen de la Cour.

Il porte *de gueules au Vase d'or chargé d'une Cotisse d'azur en pointe, & de trois Quinte-feuilles herminées d'argent & de sable, deux en chef, & une en cœur.*
Suports, *deux Griffons d'or.*

JEAN BOUHIER, Seigneur de Versalieux, Conseiller Laïc au Parlement, fut pourvû de cette Charge sur la résignation de Jacques de Mucie, qui passa de celle de Conseiller à celle de Président au Parlement. Jean Bouhier obtint ses Lettres de Provisions le 28 du mois de Mars 1682, & fut reçû le 25 du mois d'Avril suivant. Après 19 ans de service en cette Charge, il se fit aussi pourvoir d'une Charge de Président au Parlement, qu'il a exercée pendant le même espace de tems; le Roi lui a ensuite accordé des Lettres de Président Honoraire. Voyez au Chapitre des Présidents, page 18.

PIERRE-FRANÇOIS-BERNARD LEGRAND, Comte de Saulon, Conseiller Laïc au Parlement, Commissaire aux Requêtes du Palais, fut pourvû de cette Charge sur la résignation de Benoist Julien, & en vertu de Lettres de Provisions du 28 du mois de Mars 1682, il y fut reçû le 25 du mois d'Avril suivant: Après l'avoir exercée pendant 21 ans, il la résigna en faveur de Lazare Baillet, lorsque par la mort de François Jacob il passa à une Charge de Président au Parlement. Voyez au Chapitre des Présidents, p. 22.

FRANÇOIS PERARD, Seigneur de la Vefvre, Confeiller Laïc au Parlement, fut pourvû de cette Charge fur la réfignation de Jean Milletot, & par Lettres de Provifions du 19 du mois de Novembre 1682. Il eut befoin de Lettres de compatibilité, à caufe de Jean Perard fon pere qui étoit pour lors Confeiller au Parlement, Commiffaire aux Requêtes du Palais; le Roi les lui accorda, & il fut reçû le 8 du mois de Janvier 1683.

Il porte comme fon pere. Voyez ci-devant, page 571, & Palliot, page 312.

CLAUDE ESPIARD, Seigneur de Lacour & de Blanot, Confeiller Laïc au Parlement, fuccéda à Claude Efpiard fon pere en cette Charge, & en fut pourvû en vertu de Lettres de Provifions du 29 du mois de Mai 1683; il y fut reçû le 11 du mois de Mars 1684: il l'a exercée pendant 28 ans & jufqu'à fon décès. Il mourut à Dijon le 14 du mois de Juin 1711, & y fut inhumé dans l'Eglife de S. Jean, où eft fa Sépulture.

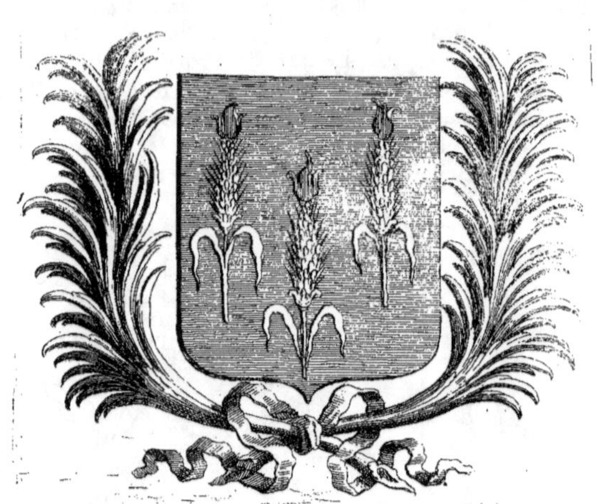

Il portoit.... Voyez ci-devant, pages 58, 78 & 81.

ETIENNE COEURDEROY, Conseiller au Parlement, Président aux Requêtes du Palais, fut pourvû de cette Charge par la résignation de Jean Cœurderoy son pere, & en vertu de Lettres de Provisions du 13 du mois de Janvier 1684, il y fut reçû le 16 du mois de Mars de la même année : Après 40 ans d'exercice, il la résigna en faveur de François Cœurderoy son fils ; & obtint du Roi des Lettres de Conseiller Honoraire au Parlement, Président aux Requêtes du Palais.

Il porte comme fon pere. Voyez ci-devant , page 62.

JULIEN CLOPIN, Confeiller au Parlement , Commiffaire aux Requêtes du Palais , fut pourvû de cette Charge par la ré-fignation en fa faveur d'Abraham Quarré , & en vertu de Lettres de Provifions du 11 du mois de Mai 1684 , il y fut reçû le 5 du mois de Juillet , & en eft mort revêtu , le 11 Juin 1717. Il avoit été précé-demment & conjointement Vicomte-Mayeur de la Ville de Dijon. Il y eft inhumé dans l'Eglife de S. Michel.

Il portoit *d'or au Pin de finople, au Chef d'azur, chargé de deux Etoiles d'argent.*

PHILIPPES FYOT DE LA MARCHE, Seigneur de la Marche & Clémencey, Confeiller Laïc au Parlement, fut pourvû de cette Charge fur la réfignation de Pierre Fevret, par Lettres du 14 du mois de Décembre 1684. Claude Fyot, Comte de Bosjan, ancien Aumônier du Roi, Abbé de S. Etienne de Dijon, Confeiller d'Etat, & Confeiller d'Honneur au Parlement, fe démit en même tems en faveur de Philippes Fyot, de la Charge de Confeiller-Garde des Sceaux en la Chancellerie près le Parlement, dont il avoit été pourvû pendant la minorité de fon neveu, duquel il étoit tuteur, mais dans laquelle il ne s'étoit pas fait recevoir. Les Provifions de l'une & de l'autre de ces Charges furent expédiées à Philippes Fyot de la Marche le même jour, & il fut reçû en toutes les deux le 30 du mois de Janvier 1685 ; il a exercé celle de Confeiller pendant près de 20 ans, & la réfigna en faveur de Jean-Claude Lopin, pour paffer à une Charge de Préfident à Mortier, & conferva celle de Confeiller-Garde des Sceaux. Voyez au Chapitre des Préfidents.

ETIENNE FIJAN DE GRANDMAISON, Prêtre, Docteur en Théologie de la Faculté de Paris, Conseiller Clerc au Parlement, fut pourvû de cette Charge vacante par la mort de Jean-Baptiste Lebault ; les Lettres de Provisions lui en furent expédiées à Chaville le 10 du mois de Mai 1685, & il y fut reçû le 27 du mois de Juin suivant. Pendant la vacance du Siége Episcopal du Diocèse de Langres, il fut nommé par le Chapitre, Official dans la partie de ce Diocèse située au Duché de Bourgogne ; ces Provisions furent confirmées par Lettres du Roi du 17 du mois d'Avril, enregistrées au Parlement le 18 du mois de Mai 1696 ; ces mêmes Lettres contenoient permission d'exercer conjointement la Charge de Conseiller & l'Emploi d'Official. François de Clermont-Tonnerre ayant été nommé à cet Evêché, le continua dans les mêmes fonctions d'Official, par de nouvelles Provisions du 17 du mois de Décembre 1696. Il mourut à Dijon le lendemain de Pâques de l'année 1712, revêtu de ces deux Emplois, & fut inhumé dans l'Eglise de la Madelaine, dans la Chapelle où est sa Sépulture.

Il portoit *d'azur au Chevron d'or, accompagné de trois Etoiles de même, au Chef d'or chargé de trois Croix pattées de gueules.*
Cimier, une Croix d'or pattée.
Et pour Suports, *deux Lions de même.*

ANTOINE MORISOT, Seigneur de Jancigny, Con-
feiller au Parlement, Commiffaire aux Requêtes du Palais, fuccéda en cette Charge à Lazare Morifot fon pere, & en fut pourvû
en vertu de Lettres de Provifions du 30 du mois de Décembre 1685;
il y fut reçû le 6 du mois de Mars 1685 : Après 34 ans de fervice, il
réfigna en faveur de Pierre Leaulté, & le Roi lui accorda des Lettres
de Confeiller Honoraire.

Il porte comme Nicolas-Lazare Morifot fon pere. Voyez ci-devant, page 51.

GUILLAUME LANGUET-ROBELIN, Comte de Rochefort, la Croisette, Baron de Saffre, Conseiller Laïc au Parlement, fut pourvû de cette Charge vacante par la mort de Lazare Devillers, en vertu de Lettres de Provisions du 16 du mois de Février 1686; il eut besoin pour s'y faire recevoir de Lettres de dispense d'âge que le Roi lui accorda, & il fut reçû le 6 du mois de Mars 1686; il l'exerça pendant 30 ans, & s'en démit ensuite en faveur de Philibert Languet son fils, qui mourut peu de tems après y avoir été reçû : il obtint en faveur de cette circonstance des Lettres de Conseiller d'Honneur au Parlement, qui y furent enregistrées le 9 du mois d'Avril 1717. Il occupe aujourd'hui cette place.

Il porte comme Denis Languet son pere, *écartelé au premier & quatriéme d'azur au Triangle équilatéral cleché & renversé d'or, chargé de trois Molettes de gueules, sur les angles,* qui est de Languet : *au deux & trois d'azur au Chevron d'or, accompagné de trois Étoiles de même, surmonté d'un Belier d'argent, passant dans une nuée de même mouvante des deux angles supérieurs de l'Ecu,* qui est de Robelin.

Cimier, *un Lion issant.*
Suports, *deux Lions.*

ANDRE' BERNARD, Seigneur de Chintrey, S. Amour en Mâconnois, Droux, Taſſonniere, Blancey, Chantot, S. Didier & Courcelle en Morvant, Conſeiller Laïc au Parlement, fut pourvû de cette Charge vacante par la mort de Michel de Laboutiere, en vertu de Lettres de Proviſions du 21 du mois de Fevrier 1686; il y fut reçû le 8 du mois de Mars ſuivant. Après 28 ans de ſervice, il la réſigna en faveur de Jean-Baptiſte Bernard ſon fils, & obtint des Lettres de Conſeiller Honoraire. Il mourut à Dijon le 14 Octobre 1719, & fut inhumé en l'Egliſe des Cordeliers.

Il portoit *de gueules à une Bande d'or chargée de trois Etoiles d'azur, accompagnée d'un Cornet d'or, embouché & virolé d'azur en Chef du côté ſeneſtre.*
Suports, *deux Griffons.*

JEAN DE BERBISEY, actuellement Premier Préfident, fut pourvû de la Charge de Confeiller Laïc au Parlement, par la réfignation de Benoît Legouz-Maillard, & en vertu de Lettres de Provifions du 29 du mois de Décembre 1689 : il y fut reçû le 15 du mois de Mars 1687. Après l'avoir exercée pendant onze ans, il paffa à la Charge de Préfident au Parlement, & enfuite à celle de Premier Préfident. . . . Voyés au Chapitre des Premiers Préfidents, page 5.

BENIGNE FLEUTELOT, Confeiller Laïc au Parle- ment, fur la réfignation de Loüis Girard Duthil, & en vertu de Lettres de Provifions du 4 Novembre 1686 ; il fut reçû en cette Charge le 15 du mois de Mars 1687. Après l'avoir exercée pendant 29 ans, il la réfigna en faveur de Claude Fleutelot fon fils qui en eft Titulaire aujourd'hui. Benigne Fleutelot après fa réfigna- tion, obtint des Lettres de Confeiller Honoraire. Il eft mort à Dijon le 22 Avril 1729, & y eft inhumé dans l'Eglife S. Michel, dans la Chapelle où eft fa Sépulture.

Il portoit comme André Fleutelot fon pere. Voyés ci-devant, page 48.

CHARLES DARLAY, Confeiller Laïc au Parlement, par la réfignation de Charles de la Boutiere, obtint des Lettres de Provifions pour cette Charge le 12 du mois de Juin 1687. Il eut befoin pour s'y faire recevoir de Lettres de difpenfe d'âge, & le Roi les lui accorda. Il fut reçû le 4 du mois de Juillet 1687 ; après 27 ans de fervice , il réfigna en faveur d'Antoine-Claude Verchere qui en eft aujourd'hui pourvû. Il obtint des Lettres de Confeiller Honoraire , & le Roi le nomma par Commiffion à la place de Premier Préfident en la Chambre des Comptes , Aides & Finances de Dole. Il mourut à Dijon le 16 du mois de Juin 1726 , & fut inhumé dans l'Eglife NôtreDame.

Il portoit *d'argent à une Fafce de fable.*

JEAN LEGOUZ, Prêtre, Doyen de l'Eglife Cathédrale de Châlon fur Sône, Prieur Commendataire de Baume-la-Roche, Confeiller Clerc au Parlement, fut pourvû de cette Charge vacante par la mort de Jacques Richard, en vertu de Lettres de Provifions du 15 du mois de Décembre 1687 : il obtint en même tems des Lettres de compatibilité avec plufieurs parents qu'il avoit au Parlement ; il fut reçû le 24 du mois de Janvier 1688, & en eft actuellement Titulaire.

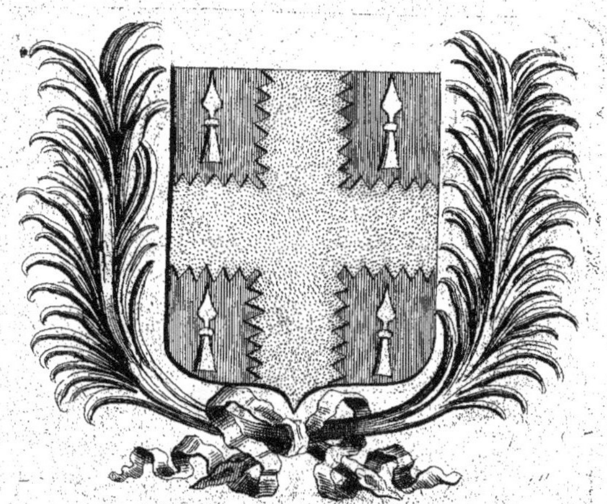

Il porte, *de gueules à une Croix endenchée d'or, accoftée de quatre fers de Lance d'argent.* Voyez ci-devant page 26 & 96, & Palliot, p. 306.

PHILIPPE EUGENE DE MONGEY, Conseiller Laïc au Parlement, obtint les Lettres de Provisions pour cette Charge le 15 du mois de Décembre 1687, sur la résignation de Philibert-Bernard Lenet ; le Roi lui accorda des Lettres de dispense d'âge dont il avoit besoin pour être reçû ; elles furent enregistrées le 30 du mois de Janvier 1688 jour de sa réception ; il résigna ensuite après 36 ans de service, en faveur de Jean-Benigne-Bernard David qui en est aujourd'hui pourvû, & qui exerçoit précédemment une Charge de Conseiller au Parlement, Commissaire aux Requêtes du Palais.

Il porte comme son pere, *d'azur à une Bande d'or.*
Pour Cimier, *une Colombe naissante d'argent.*
Et pour Suports, *deux Aigles de sable.* Voyez Palliot, p. 286 & 310.

NICOLAS RICHARD, Conseiller Laïc au Parlement, fut pourvû de cette Charge sur la nomination des Héritiers de Jean-Baptiste de Chaumelis, & en vertu de Lettres de Provisions qu'il obtint à Versailles le 26 du mois de Mars 1688, il y fut reçû le 12 du mois de Mai de la même année. Après 28 ans d'exercice, le Roi lui accorda des Lettres de Conseiller Honoraire, & il résigna en faveur de Charles Richard son fils qui le remplace aujourd'hui. Il mourut à Dijon le 8 Avril 1731, & fut inhumé dans l'Eglise S. Michel.

Il porte *d'azur au Chef de gueules, chargé de trois Besans d'or.*

JOSEPH BERTHIER, Conseiller Laïc au Parlement, fut pourvû de cette Charge vacante par la mort de Jean-Baptiste Lantin, par la nomination des Héritiers de ce dernier, & en vertu de Lettres de Provisions du 26 du mois de Mars 1688 ; il eut besoin de Lettres de dispense d'âge & de compatibilité, à cause de Benoît Legouz-Maillard son beau-frere qui étoit Président à Mortier au même Parlement ; le Roi les lui accorda, & il fut reçû le 22 du mois de Mai 1688. Il mourut à Dijon le 17 du mois de Décembre 1692 revêtu de cette Charge, en laquelle Jean-Baptiste Garron lui succéda. Il est inhumé dans l'Eglise Paroissiale de S. Michel.

Il portoit *d'azur semé de Besans d'or, au Bœuf saillant de même chargé de trois Etoiles de gueules.*

A NTOINE-BALTAZARD DEREQUELEYNE,
Conſeiller au Parlement, Commiſſaire aux Requêtes du Palais,
fut pourvû de cette Charge par la réſignation de Jean Perard, & en
vertu de Lettres de Proviſions du 9 du mois de Juillet 1688 ; il fut
reçû le 28 du même mois.

Il porte *d'azur à une Nuée d'argent miſe en faſce, de laquelle
pend un Anœau & un Lien, portant une Toiſon d'or, ſurmontée
en chef de deux Etoiles d'or.*

Pierre-Bernard Tapin, Seigneur de Perrigny, Conseiller Laïc au Parlement, fut pourvû de cette Charge vacante par la mort d'Abraham-François Bourée de Chorey, par la nomination que firent de sa personne les Héritiers de ce dernier, & en vertu de Lettres de Provisions du 12 du mois de Février 1689 ; il eut besoin de Lettres de dispense d'âge, & les obtint ; il fut reçû le 30 du mois de Mars de la même année. Après 25 ans de service, le Roi lui accorda des Lettres de Conseiller Honoraire, & il résigna en faveur de Benoît-Etienne Berthier. Il mourut à Dijon le 26 Février 1729, & fut inhumé en l'Eglise de S. Jean.

Il portoit comme son pere. Voyez ci-devant, page 70.

ETIENNE DE CLUGNY, Baron de Nuys-sur-Arman-
çon, Seigneur de Praslay, Villiers-les-Hauts & Mereüil, Conseiller Laïc au Parlement, fut pourvû de cette Charge sur la résignation faite en sa faveur par Bernard Gaillard de Montigny ; il en
obtint les Lettres de Provisions le 2 du mois d'Avril 1689, & y fut
reçû le 11 du mois de Mai de la même année ; après 27 ans de service il résigna son Office en faveur d'Etienne de Clugny son fils qui
en est actuellement pourvû. Le Roi lui accorda des Lettres de
Conseiller Honoraire le 12 Aout 1716, qui furent registrées le premier
Décembre suivant.

Il porte *d'azur à deux Clefs d'or adossées & mises en pal,*
les Anneaux en lozanges, pommetés & enlacés.
Pour Suports, *deux Daims d'argent, les Ramures d'hermine.*
Cimier, *une Ramure de Daim d'hermine.*

JEAN JEHANNIN, Seigneur de Chamblan & Monconis, Conseiller Laïc au Parlement, fut pourvû de cette Charge par la résignation d'Edme Gontier, & en vertû de Lettres de Provisions du 14 du mois de Mai 1689 ; il obtint en même tems des Lettres de compatibilité avec plusieurs parents qu'il avoit au Parlement ; il fut reçû le premier de Juillet 1689, & mourut après 30 ans de service le 22 du mois d'Octobre 1719. Il est inhumé à Dijon dans l'Eglise de S. Michel dans la Chapelle où est sa Sépulture.

Il portoit comme son frere. Voyez ci-devant, pag. 115.

LOUIS JANNON, Conseiller au Parlement, Commissaire aux Requêtes du Palais, fut pourvû de cette Charge par la résignation de Philibert Jannon son pere ; il en obtint les Lettres de Provisions le 21 du mois de Juin 1689, & y fut reçû le 3 du mois de Juillet de la même année ; après l'avoir exercée pendant 25 ans, le Roi lui accorda des Lettres de Conseiller Honoraire, & il résigna en faveur de Philippes Surmain. Loüis Jannon mourut à Dijon le 29 du mois de Janvier 1726, & y fut inhumé dans l'Eglise de Nôtre-Dame où est sa Sépulture.

Il portoit comme son pere. Voyez ci-devant, page 67.

ANSELME-BERNARD FYOT, Seigneur de Vaugi-
mois, Taroiseau & Menades, Conseiller au Parlement, Président aux Requêtes du Palais , fut pourvû de cette Charge
sur la résignation d'Antide de Migieu, par Lettres du 23 du
mois de Mai 1689 ; il y fut reçû le 12 du mois d'Aout de
la même année , après avoir obtenu des Lettres de dispense d'âge
& de parenté ; il l'exerça pendant près de 20 ans , & la résigna
ensuite en faveur de Marc-Antoine Denisot qui en est aujourd'hui
pourvû ; le Roi lui accorda des Lettres de Conseiller au Parlement,
Président Honoraire aux Requêtes du Palais. Il mourut à Dijon
le premier de Février 1723 , & y fut inhumé dans l'Eglise de
S. Etienne.

Il portoit, *d'azur au Chevron d'or, accompagné de trois Lozanges
de même.*
 Pour Suports , *deux Lions au naturel.* Voyez ci-devant , p. 10 ,
23 , 29 , & 49 , & Palliot , p. 96 , 210 , 226 , 290 & 359.

CLAUDE DE LA TOISON, Seigneur de Buſſy, Conſeiller Laïc au Parlement , fut pourvû de cette Charge
ſur la réſignation de Claude de Lacoſte , & par Lettres du 28
du mois d’Aout 1690 ; il y fut reçû le 2 du mois de Décembre de la même année , après avoir obtenu des Lettres de compatibilité avec pluſieurs parents qu’il avoit au Parlement au degré
prohibé. Il mourut à Dijon le 7 du mois de Juin 1698 , & y fut
inhumé dans l’Egliſe Paroiſſiale de Nôtre-Dame , dans la Chapelle
où eſt ſa Sépulture. Jacques-Charles Fevret lui ſuccéda en cette
Charge.

Il portoit comme ſon pere, *de gueules à une Bande d’or , chargée
en cœur d’une Quinte-feüille d’azur.* Voyez Palliot , p. 326.

JEAN QUARRE', Seigneur de Livron, Mypon, Mercurey & Etroye, Chevalier de l'Ordre Royal & Militaire de Mont-Carmel, Conseiller Laïc au Parlement, fut pourvû de cette Charge sur la résignation de Pierre Bouchu qui fut élevé à celle de Premier Président au Parlement; Jean Quarré obtint ses Lettres de Provisions le 21 du mois de Décembre 1690, & fut reçû le 9 du mois de Février 1691. Après 23 ans de service, le Roi lui accorda des Lettres de Conseiller Honoraire, & il résigna en faveur de Jean-Pierre Burteur qui le remplace aujourd'hui.

Il porte *échiqueté d'argent & d'azur, au Chef d'or chargé d'un Lion Léopardé de sable.*

HUGUE-JEAN-BAPTISTE BAZIN, Conſeiller au Parlement, Commiſſaire aux Requêtes du Palais, fut pourvû de cette Charge vacante par la mort de Pierre Fournier, en vertu de Lettres de Proviſions du 18 du mois de Septembre 1690, & y fut reçû le 8 du mois de Mars 1691 ; il ne ſervit que pendant trois ans en qualité de Conſeiller Commiſſaire aux Requêtes du Palais, & par la réſignation qui fut faite en ſa faveur par Guillaume Joly Seigneur de Norges, il paſſa à une Charge de Conſeiller Laïc au Parlement, dans laquelle il fut reçû le 21 Juin 1694. Il a obtenu des Lettres de Conſeiller Honoraire le 26 Février 1730, régiſtrées le 4 Mars ſuivant.

Il porte *d'argent, à trois Pommes de Pin de Sinople renverſées, deux en chef & une en pointe.*

PIERRE BERBIS, Conſeiller Laïc au Parlement, ſuccéda en cette Charge à Jacques Berbis ſon pere ; il en fut pourvû en vertu de Lettres de Proviſions du 23 du mois de Mai 1691 ; il y fut reçû le 13 du mois de Juillet de la même année, après avoir obtenu des Lettres de diſpenſe d'âge. Il mourut à Mâcon le 25 du mois de Mai 1704, revêtu de cette Charge, & fut inhumé dans l'Egliſe Collégiale de cette Ville.

Il portoit comme tous ceux de son nom, *d'azur au Chevron d'or,*
accompagné en pointe d'une Brebis d'argent. Voyez ci-devant, pag.
77, & Palliot, p. 174, 203, 220, 267 & 304.

JEAN-BAPTISTE DE LA MARE, actuellement Second
Président au Parlement, fut pourvû d'une Charge de Conseiller
Laïc au Parlement par la résignation de Jean Bouhier, & en vertu
de Lettres de Provisions du 17 du mois de Mai 1691, il y fut reçû le
14 du mois de Juillet de la même année. Il préside actuellement à
la Chambre de la Tournelle. Voyez ci-devant au Chapitre des Présidents, pag. 20.

GEORGE-BERNARD JOLY, Seigneur de la Borde,
Montmençon, Heulliey, Velogny en partie, la Grange-du-Prey
& Drambon, Conseiller Laïc au Parlement, fut pourvû de cette
Charge en vertu de Lettres de Provisions du 17 du mois de Mai 1691,
& y fut reçû le 21 du mois de Juillet de la même année.

Il porte comme Guillaume Joly. Voyez ci-devant, page 95.

GUY CHARTRAIRE, Seigneur de S. Agnan, & Ragny, Forleans, Bourbilly, & Saux, Conseiller au Parlement, Commissaire aux Requêtes du Palais, obtint ses Provisions pour cette Charge le 26 du mois de Juin 1691, & y fut reçû le 8 du mois d'Aout de la même année. Après 23 ans de service, il obtint du Roi des Lettres de Conseiller Honoraire au Parlement, & résigna en faveur de Philippe de Laloge.

Il porte *de gueules à une Tour d'or.*
Pour Suports, *deux Lions d'or.*

JEAN LECOMPASSEUR , Marquis de Courtivron , Préfident à Mortier , fut pourvû d'une Charge de Conféiller Laïc au Parlement , dont il obtint les Provifions le 17 du mois de Mai 1691 , & y fut reçû le 13 du mois de Février 1692 ; après 5 ans d'exercice , il la réfigna en faveur de Jean-Baptifte-Jules de Ricard , & paffa à celle de Préfident à Mortier. Voyez au Chap. des Préfidents.

CLAUDE LANTIN , Seigneur de Planche, & de Damerey en partie , Conféiller Laïc au Parlement , fuccéda en cette Charge à Jean-Baptifte Lantin fon pere ; il en obtint les Lettres de Provifions le 4 du mois de Mai 1692 , & y fut reçû le 25 du mois de Juin fuivant.

Il porte comme fon pere. Voyez ci-devant, page, 52 & 101, & Palliot, p. 277 & 316.

FRANÇOIS **CHARTRAIRE**, Comte de Montigny, Seigneur de Bierre, & Marcelois, Conseiller Laïc au Parlement, fut pourvû de cette Charge par la démission d'Antoine Chartraire son pere, Conseiller au Parlement de Metz, qui ne s'y étoit point fait recevoir, quoiqu'il en eut fait l'acquisition : François Chartraire y fut reçû le 25 du mois de Juin 1692 ; il ne l'exerça que pendant 13 ans, après lesquels il plût au Roi de lui accorder des Lettres de Conseiller Honoraire. Il avoit succédé à Antoine Chartraire dans la Charge de Trésorier Général des Etats de Bourgogne, dont il est mort revêtu, à Dijon, le 21 du mois d'Aout 1728, & y fut inhumé dans l'Eglise Paroissiale de S. Pierre, où on voit l'Epitaphe qui suit.

D. O. M.
Et æternæ memoriæ.

Viri Clar. **FRANCISCI CHARTRAIRE**
Comitis de Bierre & de Montigny,
Domini de Marcelois,
In Supremâ Burgundiæ Curiâ
Senatoris,
Et Ordinum ejusdem Provinciæ Ærario
Præfecti.
Qui decoris ergâ Principes Borbonios obsequiis,
Incorruptâ apud Ordines Burgundios fide
Assiduis in concives officiis
Memorandus extitit.
Obiit Divione duod. Kal. Sept. ann. rep. sal. 1728.
Ætatis 59.

Monumentum hoc
Doloris & amoris pignus erexit
Uxor mœrens & charissima
BENIGNA DE LA MICHODIERE
Eumque sibi tumulum elegit.

Il portoit comme Guy Chartraire. Voyez ci-devant page 147.

JEAN BOUHIER, fut pourvû d'une Charge de Conseiller Laïc au Parlement, sur la résignation de François-Bernard Lecompasseur, & en vertu de Lettres de Provisions du 11 du mois de Décembre 1692, il fut reçû le 7 du mois de Janvier 1693 ; après l'avoir exercée pendant 12 ans, & ensuite résignée en faveur de Bernard Bernard de Sasseney, il passa à une Charge de Président au Parlement. Voyez au Chapitre des Présidents.

JEAN BOUHIER, premier Evêque de Dijon, ci-devant Doyen de la Sainte Chapelle de la même Ville, Conseiller Clerc au Parlement, fut pourvû de cette Charge vacante par la mort de Charles Darlay, par Lettres de Provisions du 11 du mois de Décembre 1692; il y fut reçû le 9 du mois de Janvier 1693, après avoir obtenu des Lettres de compatibilité avec plusieurs parents qu'il avoit au même Parlement. Il exerça cette Charge pendant onze années, & après l'avoir résignée à Antoine Bouhier, le Roi lui accorda des Lettres de Conseiller Honoraire au Parlement. En 1723 il fut Elû du Clergé de Bourgogne.

Il porte comme tous ceux de son nom. Voyez ci-devant, p. 10, 18, 22, 28 & 50, & Palliot, p. 168, 205, 230, 233, 276, 298 & 318.

ANTOINE-BERNARD BOUHIER, Marquis de Bouhier, Seigneur de Lantenay & de Paques, Conseiller Laïc au Parlement, fut pourvû de cette Charge, laquelle étoit portée en 1631 par Jean Bouhier son ayeul ; il en obtint les Lettres de Provisions le onze du mois de Décembre 1692, en conséquence de la résignation qui en avoit été faite en sa faveur par Jacques Blanot ; il eut en même tems les Lettres de compatibilité nécessaires à cause des parents qu'il avoit au Parlement, & celles de dispense d'âge, avec voix délibérative ; en conséquence desquelles Lettres, il fut reçû dans ledit Office le 11 Janvier 1693. Il obtint au mois de Mai 1709 des Lettres de commutation du nom de Marquisat de Beaumanoir, érigé en faveur de son pere en 1677, en celui de Bouhier ; & ces Lettres de commutation ont été enregistrées au Parlement le 4 Avril 1710.

Il porte comme tous ceux de son nom. Voyez ci-devant , p. 10 , 18 , 22 , 28, 50 & 151 , & Palliot, p. 168 , 206 , 230, 233, 276, 298 & 318.

CLAUDE-PALAMEDES BAUDINOT, Seigneur du Breüil, Conseiller Laïc au Parlement, succéda en cette Charge à Claude-Palamedes Baudinot son pere ; il en obtint les Lettres de Provisions le 7 du mois de Juillet 1693 ; il y fut reçû le 18 du mois de Juillet de la même année , après avoir obtenu des Lettres de compatibilité avec plusieurs parents qu'il avoit au même Parlement ; & résigna en faveur de Denis-François Rigoley.

Il porte comme son pere. Voyez ci-devant , p. 73 , & Palliot, page 319.

LOUIS GONTIER, Comte du Peroux, Baron d'Auvillars, Seigneur de Toutenant & S. Bonnet, Conseiller Laïc au Parlement, fut pourvû en vertu de Lettres de Provisions du 7 du mois de Mai 1693, de cette Charge vacante par la mort de Jean Fleutelot ; il eut besoin de Lettres de compatibilité & de dispense d'âge, & le Roi les lui accorda ; il fut reçû le 13 du mois de Juillet 1693, & résigna en faveur de Claude Varenne, après 26 ans de service.

    Il porte comme son pere, écartelé au premier & quatriéme *d'azur à la Fasce d'or, chargée de deux Hures de Sanglier de sable, les deffenses d'argent, & affrontant une Etoile de gueule ; l'Ecu chargé de trois Gonds d'argent, deux en chef & un en pointe,* qui est de Gontier : Au second & troisiéme, *d'or à l'Aigle éployé de sable, au Chef d'azur chargé de deux Quinte-feüilles d'or,* qui est de Galois, dont il est chargé de porter les Armes par le testament de Loüis Galois Comte du Peroux, Baron d'Auvillars, Conseiller d'Etat, Maréchal de Camp des Armées du Roi, Gouverneur de la Ville de Seurre, son grand oncle. Voyez ci-devant, p. 82, & Palliot, p. 272, 289, 293, 362 & 363.

BENIGNE DE CIREY, Seigneur de Gerlan, Conseiller
Laïc au Parlement, fut pourvû de cette Charge par la résignation de Jean Baillet, qui passa à celle de Premier Président en la
Chambre des Comptes de Bourgogne ; Benigne de Cirey obtint ses
Lettres de Provisions & de dispense d'âge les 20 du mois de Juin &
20 du mois de Juillet 1693, & fut reçû le 4 du mois d'Aout de la
même année. Il mourut à Dijon 5 ans après sa réception, & fut
inhumé dans l'Eglise Paroissiale de S. Pierre, où est est sa Sépulture.

Il portoit *d'azur à deux Levriers rampants & affrontés d'argent, accolés de gueules, bouclés & cloüés d'or.* Voyez Palliot, p.
103, 195, 205, 249, & 312.

JEAN-BAPTISTE GARRON, Baron de Chatenay, & d'Hauvet, Seigneur de Corrobert, Corent & Brosses, Conseiller Laïc au Parlement, fut pourvû de cette Charge vacante par le décès de Joseph Berthier ; il en obtint les Lettres de Provisions le 26 du mois de Novembre 1693, & celles de compatibilité avec Claude Garron son pere, pour lors Conseiller au même Parlement, le 29 du mois de Septembre de la même année; il fut reçû le onze du mois de Décembre suivant, & mourut à Mâcon le premier Avril 1719. Il est inhumé à sa Terre de Chatenay.

Il portoit comme son pere. Voyez ci-devant, page 121.

HUGUE-JEAN-BAPTISTE BAZIN, Conseiller Laïc au Parlement, fut pourvû de cette Charge par la réfignation de Guillaume Joly de Norges, en vertu de Lettres de Provifions du onze du mois de Juin 1694; il y fut reçû le 21 du même mois & de la même année, & a confervé fes rang, féance & tous droits honorifiques du jour de fa réception en la Charge de Confeiller Commiffaire aux Requêtes du Palais, qu'il exerçoit précédemment. Voyez ci-devant, page 145.

CLAUDE LEBAULT, Confeiller au Parlement, Commiffaire aux Requêtes du Palais, fut pourvû de cette Charge par la réfignation de Hugue-Jean-Baptifte Bazin, & en vertu de Lettres de Provifions du 11 du mois de Juin 1694; il fut reçû le 9 du mois de Juillet de la même année, & mourut à Dijon le 25 Décembre 1709, dans l'exercice de cette Charge. Il y eft inhumé dans l'Eglife de Nôtre Dame, où eft fa Sépulture.

Il portoit *d'azur au Chevron d'or, accompagné de trois Molettes d'Eperon d'or, deux en chef & l'autre en pointe, au Chef d'or chargé de deux Têtes d'Aigle, arrachées au naturel de fable.* Suports, *deux Levrettes au naturel.*

ABRAHAM QUARRE', Seigneur de Dracy, Givry, Cortiamble, Poncey, Rusilly, la Rongere, Conseiller Laïc au Parlement, fut pourvû de cette Charge par la résignation de Joseph de Grenaud de Rougemont, & en vertu de Lettres de Provisions du 16 du mois d'Avril 1695; il obtint des Lettres de dispense d'âge, & de compatibilité avec plusieurs parents qu'il avoit au même Parlement; il fut reçû le deux du mois de Mai de la même année 1695.

Il porte... Voyez ci-devant, p. 71, & Palliot, p. 232, 251 & 342.

CLAUDE-JOSEPH GUYE, Seigneur de l'Abergement, Conseiller Laïc au Parlement, sur la résignation faite en sa faveur par François Thomas, fut pourvû de cette Charge par Lettres du 16 du mois de Mai 1695, & y fut reçû le 13 du mois de Juin de la même année. Le Roi lui avoit accordé dès le 5 Janvier précédent des Lettres de compatibilité, dont il avoit besoin pour posséder cette Charge, parce que Antoine Guye Seigneur de Vornes, son oncle, étoit Conseiller au même Parlement, Commissaire aux Requêtes du Palais.

Il porte comme Claude Guye son ayeul, Seigneur de l'Abergement & de Vornes, Président à Mortier au Parlement de Dombes, *d'or à une Fasce d'azur, accompagnée de trois Roses de gueules.*
Pour Suports, *deux Licornes.*
Et pour Devise, ODORE VIGE BONO.

CLAUDE-BENIGNE FLEURY, Conseiller Laïc au Parlement, succéda en cette Charge à Catherine Fleury son pere; il en obtint les Lettres de Provisions le 15 du mois de Décembre 1695, & y fut reçû le 16 du mois de Décembre de la même année, après que le Roi lui eut accordé des Lettres de dispense d'âge & de compatibilité avec plusieurs parents qu'il avoit au même Parlement au degré prohibé ; il porta cette Charge pendant plus de 24 ans, obtint ensuite des Lettres de Conseiller Honoraire au Parlement, & résigna en faveur de Loüis Charpy, Seigneur de S. Usage.

Il porte comme son pere, *de sinople au Chevron d'or, au Lys naturel en pointe d'argent.* Voyez ci-devant, pag. 94.

HUGUE DAVID, Docteur de Sorbonne, Doyen de l'Eglise Collégiale de S. Andoche de Saulieu, Conseiller Clerc au Parlement, fut pourvû de cette Charge vacante par la mort d'Antoine Espiard de Saulx, en vertu de Lettres de Provisions du premier du mois de Décembre 1695, & y fut reçû le 13 du mois de Janvier de l'année suivante.

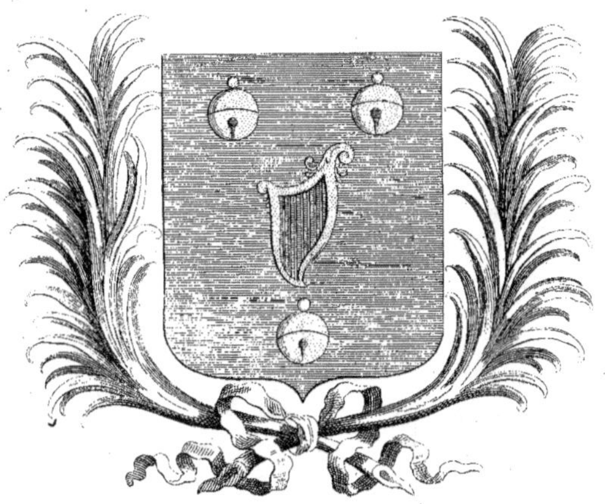

Il porte *d'azur à une Harpe d'or, accompagnée de trois Grelots de même, deux en chef & un en pointe.*

DENIS RIGOLEY, Conſeiller Laïc au Parlement, fut pourvû de cette Charge ſur la réſignation de Jean-Baptiſte de la Mare , par Lettres de Proviſions du 8 du mois de Mars 1697 ; il obtint des Lettres de compatibilité avec Pierre Rigoley ſon pere, pour lors Conſeiller au même Parlement , & fut reçû le 14 du mois de Mai de la même année 1697. Après 27 années de ſervice, il réſigna en faveur de Jacques-Vincent Languet-Robelin de Rochefort , & obtint des Lettres de Conſeiller Honoraire qui furent enrégiſtrées le premier Décembre 1724. Il mourut à Dijon le 23 Juillet 1726 , & fut inhumé en l'Egliſe Paroiſſiale de S. Pierre , où eſt ſa ſépulture.

Il portoit comme ſon pere. Voyez ci-devant , page 107.

JACQUES DE MUCIE, Seigneur d'Ecoüelle, Pontdre-vaux & Moroges, Conseiller Laïc au Parlement, fut pourvû de cette Charge sur la résignation de Jean-Baptiste Baüyn, par Lettres de Provisions du 10 du mois de Juin 1697 ; il obtint des Lettres de dispense d'âge & de compatibilité avec Jacques de Mucie Président à Mortier, & Pierre Rigoley Conseiller au même Parlement, ses oncles paternel & maternel, & fut reçû le 25 du mois de Juin de la même année 1697. Après avoir servi 23 ans & six mois, il obtint des Lettres de Conseiller Honoraire, & remit sa Charge à Antoine-Loüis de Mucie son fils.

Il porte comme Jacques de Mucie. Voyez ci-devant au Chapitre des Présidents, page 15.

ANTOINE-JEAN LENET, Conseiller Laïc au Parlement, obtint des Lettres de Provisions pour cette Charge le 17 du mois de Juin 1697, après le décès de Claude Garron de Chatenay; il y fut reçû le 5 du mois de Juillet de la même année, & après l'avoir exercée pendant 21 ans, il résigna en faveur de Jean-François Joly de Chintré, & le Roi lui accorda des Lettres de Conseiller Honoraire au Parlement.

Il porte comme tous ceux de son nom, *d'azur à la Fasce ondée d'argent, accompagnée de trois Quintes-feüilles d'or.* Voyez ci-devant, p. 76, & Palliot, 277 & 350.

FRANÇOIS ESPIARD , Seigneur de Cypierre, Conseiller Laïc au Parlement , fut pourvû de cette Charge sur la résignation de Jean de Berbisey aujourd'hui Premier Président , par Lettres de Provisions du 7 du mois de Janvier 1698 ; il obtint des Lettres de dispense d'âge & de compatibilité avec Jacques-Auguste Espiard son pere pour lors Conseiller au même Parlement, & fut reçû le 21 du mois de Mars de la même année 1698. Après trente années de service, il résigna en faveur de Charles Perreney d'Athézan, & le Roi lui accorda des Lettres de Conseiller Honoraire.

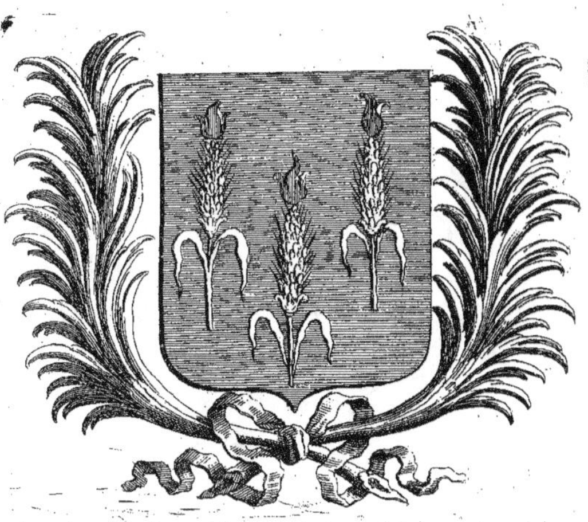

Il porte comme son pere. Voyez ci-devant , page 78.

CLAUDE FLEUTELOT, Conseiller Laïc au Parlement, fut pourvû de cette Charge vacante par la mort de Bertrand de la Michodiére, en vertu de Lettres de Provisions du 26 du mois de Fevrier 1699 ; il y fut reçû le 22 du mois de Mai de la même année , ayant obtenu des Lettres de dispense d'âge. Après 22 ans de service , le Roi lui accorda des Lettres de Conseiller Honoraire, le 24 Mai 1721 , enrégistrées le 14 Juin suivant ; & il résigna en faveur de Joseph-Ignace Rollet Seigneur de la Tour des Prost.

Il porte comme son pere. Voyez ci-devant , p. 60.

J EAN-BAPTISTE-JULES DE RICARD, Conseiller
Laïc au Parlement, succéda en cette Charge à Jean Lecompasseur
qui la lui résigna lorsqu'il passa à celle de Président ; il en obtint les
Lettres de Provisions le 28 du mois de Décembre 1698, & y fut
reçû le 27 du mois de Mai 1699, après néanmoins qu'il eut obtenu
des Lettres de dispense d'âge & de compatibilité avec Etienne Mil-
liére son oncle maternel, qui étoit pour lors Conseiller Clerc au même
Parlement. Après huit années de service, Jules de Ricard passa à une
Charge de Président à la Cour des Aydes à Paris, & résigna celle de
Conseiller en faveur de Jean Bouhier de Versalieux.

Il porte *d'or au Griffon de gueules, au Chef d'azur chargé d'une
Fleur de Lys d'or.*

JACQUES MALETESTE, Seigneur des Tarts, Conseil-
ler Laïc au Parlement, fut pourvû de cette Charge vacante par la
mort de Benigne de Cirey, en vertu de Lettres de Provisions du 15
du mois de Juillet 1699 ; après avoir obtenu des Lettres de dispense
d'âge, il fut reçû le 12 du mois d'Aout de la même année. Après
12 ans de service, il résigna en faveur de Philibert-Bernard Gagne qui
en est aujourd'hui Titulaire.

Il porte comme son pere. Voyez ci-devant, p. 92, & Palliot, p. 322

ETIENNE DAGONNEAU, Seigneur de Marcilly, Conſeiller Laïc au Parlement, fut pourvû de cette Charge ſur la réſignation de Philibert Jehannin, & en vertu de Lettres de Proviſions du 14 du mois de Novembre 1699 ; il avoit précédemment exercé pendant plus de dix ans celle de Lieutenant Général au Bailliage de Charolles, ce qui détermina la Cour à le recevoir ſans examen le 11 du mois de Décembre 1699, après néanmoins qu'il eut obtenu des Lettres de compatibilité avec Jean Burteur ſon beau-frere, pour lors Conſeiller aux Requêtes du Palais. Après 24 ans de ſervice, le Roi lui accorda des Lettres de Conſeiller Honoraire au Parlement, & il réſigna en faveur d'Etienne Dagonneau ſon fils.

Il porte *d'azur au Chevron d'argent, accompagné de trois Roſes de même, deux en chef & une en pointe.*

OCTAVE COTTIN, Seigneur de la Barre, Conseiller au Parlement, Commissaire aux Requêtes du Palais, fut pourvû de cette Charge sur la résignation de Jean Burteur, & en vertu de Lettres de Provisions du 19 du mois d'Avril 1702, il y fut reçû le 22 du mois de Mai de la même année. Après 28 années de service, il résigna en faveur de Denis Barbuot, & le Roi lui accorda des Lettres de Conseiller Honoraire qui furent enrégistrées le　1731.

Il porte *d'azur à deux Colomnes d'or, mises en pal.*

PIERRE RIGOLEY, Seigneur de Chevigny S. Sauveur, Corcelle en Montvault, la Chaume, Corgoloin, & Viſargent, Conſeiller Laïc au Parlement, ſuccéda en cette Charge à Pierre Rigoley ſon pere qui la lui réſigna; il en obtint les Lettres de Proviſions le 18 du mois de Fevrier 1703; il y fut reçû le 23 du mois de Juillet 1704, après que le Roi lui eut accordé des Lettres de diſpenſe d'âge, & de compatibilité avec pluſieurs parents qu'il avoit au même Parlement.

Il porte comme ſon pere. Voyez ci-devant, p. 107, & 168.

BERNARD BERNARD, Seigneur de Saffeney, Confeiller Laïc au Parlement, obtint des Lettres de Provifions pour cette
Charge, en vertu de la réfignation faite en fa faveur par Jean Bouhier
qui fe fit recevoir en celle de Préfident à Mortier. Bernard Bernard de
Saffeney fut reçû en celle de Confeiller le 18 du mois d'Avril 1704,
après avoir obtenu des Lettres de difpenfe d'âge & de compatibilité
avec plufieurs parents qu'il avoit au Parlement au degré prohibé. Le
Roi lui a accordé des Lettres de Confeiller Honoraire après 23 ans
de fervice, & il réfigna en faveur de Jean-Loüis Maletefte de Villy.

Il porte comme tous ceux de fon nom. Voyez ci-devant, p. 7, 15,
63, 111, & Palliot, p. 258, 302.

ALEXANDRE PERNOT, Seigneur d'Efcrots, Confeil-
ler Laïc au Parlement, fut pourvû de cette Charge vacante par la
mort de Charles-Benigne de Thefut , en vertu de Lettres de Provifions du 26 du mois de Janvier 1704 , & y fut reçû le 8 du mois de
Mai de la même année. Après 28 années de fervice , il réfigna en faveur d'Anne-Germain Loppin de Gemeaux , & le Roi lui accorda des
Lettres de Confeiller Honoraire le 3 Fevrier. Il eft décédé le 11 Mars
1732 , & eft inhumé dans l'Eglife S. Nicolas.

Il portoit *d'argent à trois Bandes de fable , au Chef d'azur chargé
d'un Aigle d'or éployé.*

CHARLES DE BROSSES, Conseiller Laïc au Parlement, succéda en cette Charge à Pierre de Brosses son pere; il en obtint les Lettres de Provisions le 29 du mois de Juin 1704, & y fut reçû le 30 du mois de Juillet de la même année ; il en a rempli les fonctions jusques au jour de sa mort qui fut le 10 Janvier 1723. Il fut inhumé à Dijon dans l'Eglise Paroissiale de S. Jean, où est sa sépulture. C'est Jean-Baptiste Bazin qui occupe aujourd'hui cette place.

Il portoit comme son pere & tous ceux de son nom. Voyez ci-devant, p. 108.

L AZARE BAILLET, Seigneur de Crecey, Conseiller au Parlement, Commissaire aux Requêtes du Palais, fut pourvû de cette Charge sur la résignation de François-Bernard Legrand, en vertu de Lettres de Provisions du 18 du mois de Mai 1704, & y fut reçû le 2 du mois d'Aout de la même année ; il ne resta en cette place que pendant l'espace de 8 années, & résigna en faveur de Claude Lemulier, pour passer à celle de Président au Parlement. Voyez au Chap. des Présidents, page 23.

A NTOINE BOUHIER, Doyen de l'Eglise Cathédrale d'Autun, Conseiller Clerc au Parlement, fut pourvû de cette Charge sur la résignation de Jean Bouhier ; ses Lettres de Provisions sont du 29 Juin 1704 ; il obtint des Lettres de compatibilité avec plusieurs de ses parents Officiers au Parlement, & il fut reçû le 4 Aout de la même année.

Il porte comme tous ceux de son nom. Voyez ci-devant, p. 10, 18, 22, 28, 50, 151, 152, & Palliot, p. 168, 206, 230, 233, 276, 298 & 318.

JACQUES VITTE, Conseiller Laïc au Parlement, fut pourvû de cette Charge sur la résignation d'Etienne Maleteste, & en vertu de Lettres de Provisions du 29 du mois de Juin 1704 ; il y fut reçû le 12 du mois d'Aout de la même année, après avoir obtenu des Lettres de dispense d'âge.

Il porte *d'azur au Sautoir d'or, surmonté d'un Croissant d'argent.*

FRANÇOIS DEPIZE, Conseiller Laïc au Parlement, fut pourvû de cette Charge vacante par la mort de Pierre Berbis, en vertu de Lettres de Provisions du 26 du mois de Juillet 1704, & fut reçû le 12 du mois d'Aout de la même année ; il l'a exercée jusques au jour de son décès qui fut le 6 Juillet 1719. Il fut inhumé à Dijon dans l'Eglise de Nôtre-Dame. Pierre Quarré d'Estroyes le remplace aujourd'hui.

Il portoit *d'argent au Chevron de gueule, accompagné de trois Roses de même, deux en chef & une en pointe.*

Hugue Guyard, Seigneur de Changey, Conseiller Laïc au Parlement, succéda en cette Charge à Hubert Guyard son pere, & en obtint les Lettres de Provisions le 16 du mois de Novembre 1704, il y fut reçû le 5 du mois de Décembre de la même année ; & après qu'il l'eut exercée pendant vingt-un ans, le Roi lui accorda des Lettres de Conseiller Honoraire, & il résigna en faveur de Loüis Perrin.

Il porte comme son pere. Voyez ci-devant, p. 88.

DENIS-FRANÇOIS RIGOLEY, Conseiller Laïc au Parlement, fut pourvû de cette Charge sur la résignation de Claude-Palamedes Baudinot, & en vertu de Lettres de Provisions du 3 du mois de Décembre 1704 ; après avoir obtenu des Lettres de dispense d'âge, il y fut reçû le 20 du mois de Décembre de la même année, & l'exerça jusques au jour de sa mort, qui fut le

. Il est inhumé à Dijon dans l'Eglise Paroissiale de S. Pierre, où est sa sépulture.

Il portoit comme tous ceux de son nom. Voyez ci-devant, p. 107, & 168.

CLAUDE LOPPIN, Seigneur de Gemeaux , Conseiller
Laïc au Parlement , obtint des Lettres de Provisions pour cette
Charge le 28 du mois de Mars 1705 , en conséquence de la résignation
faite en sa faveur par Philippe Fyot de la Marche , qui passa à une
Charge de Président au Parlement : Claude Loppin fut reçû en celle de
Conseiller le 20 du mois de Juin de la même année 1705. Le Roi
lui accorda après vingt-deux ans de service des Lettres de Conseiller
Honoraire, & il résigna en faveur de Loüis-Arnaud de la Briffe de
Ferriere.

Il porte *d'azur à une Croix d'or ancrée.*

JEAN-CHARLES DE MACHECO, Seigneur de Premeaux, Villy, Champrenaud & Segrois, Conſeiller Laïc au Parlement, ſuccéda en cette Charge à Benigne de Macheco ſon pere,
par Lettres de Proviſions du 5 du mois de Juillet 1705 , & fut reçû le
21 du mois de Juillet de la même année , après avoir obtenu du Roi
des Lettres de diſpenſe d'âge.

Il porte comme ſon pere & ceux de ſon nom. Voyez ci-devant, p. 100 , & Palliot , p. 154 , 175, 299 & 317.

BENIGNE-GERMAIN LEGOUZ, Conseiller Laïc au Parlement, succéda à la Charge de Pierre Legouz son pere; il en fut pourvû le 25 Juillet 1706, & fut reçû le 9 du mois d'Aout suivant, ayant obtenu des Lettres de dispense d'âge & de compatibilité avec les parents qu'il avoit au Parlement. Il résigna sa Charge en faveur de Philibert Durand d'Auxy, pour se faire recevoir dans celle de Président à Mortier qu'avoit occupé Benoît Legouz-Maillard son oncle. Voyez ci devant au Chap. des Présidents, pag. 25.

JEAN BOUHIER, Seigneur de Chevigny, Conseiller Laïc au Parlement, fut pourvû de cette Charge sur la résignation de Jean-Baptiste-Jules de Ricard, en vertu de Lettres de Provisions du 10 du mois de Juillet 1707, après avoir obtenu des Lettres de compatibilité avec les parents qu'il avoit au Parlement au degré prohibé; il fut reçû le 10 du mois d'Aout de la même année 1707. Après neuf années de service, il résigna en faveur de Benigne Comeau, pour passer à une Charge de Président au Parlement qu'il occupe aujourd'hui. Voyez au Chap. des Présidents, pag. 27.

ABRAHAM-FRANÇOIS DE MIGIEU, Seigneur de Savigny, Conseiller Laïc au Parlement, fut pourvû de cette Charge sur la résignation de François Chartraire de Bierres; & en vertu de Lettres de Provisions du 15 Décembre 1705, il y fut reçû le 13 Janvier 1706, après avoir obtenu des Lettres de dispense d'âge & de compatibilité avec plusieurs parents qu'il avoit au Parlement au degré prohibé. Après y avoir servi pendant 13 ans, il passa à une Charge de Président à Mortier, & résigna celle de Conseiller à Alexandre Mairetet de Minot qui l'exerce aujourd'hui. Voyez ci-devant au Chapitre des Présidents, p. 28.

PIERRE PARISOT, Seigneur de Sainte Sabine, Conseiller Laïc au Parlement, fut pourvû de cette Charge vacante par la mort de Denis-François Rigoley, en vertu de Lettres de Provisions du 19 du mois de Juin 1707; il eut besoin de Lettres de dispense d'âge & de compatibilité avec Pierre Parisot son pere, pour lors Procureur Général au Parlement, le Roi les lui accorda, & il fut reçû le 8 du mois d'Aout de la même année 1707; il n'occupa cette place que pendant cinq ans, & ne laissa pas d'obtenir des Lettres de Conseiller Honoraire en datte du 27 Janvier 1719; elles furent enrégistrées le   du mois suivant, mais avec la restriction qu'il n'auroit rang & séance que du jour de l'enrégistrement de ses Lettres de Conseiller Honoraire.

Il porte *d'azur au Perroquet d'or.*

JACQUES-CHARLES FEVRET, Seigneur de Fon-
tette, Conseiller Laïc au Parlement, fut pourvû de cette Charge
vacante par la mort de Claude de la Toison, en vertu de Lettres de
Provisions du 21 du mois d'Avril 1709 ; il obtint des Lettres de compatibilité avec les parents qu'il avoit au Parlement, & fut reçû le 14
du mois de Juin de la même année 1709. Il mourut dans l'exercice
de cette Charge le 23 Mars 1728, & fut inhumé à Dijon dans l'Eglise
Paroissiale de S. Jean, en la Chapelle où est sa sépulture.

... voyez ci-devant, pages 80, & 99, & Palliot, pag. 317 & 314.

MARC-ANTOINE DENIZOT, Conseiller au Parlement, Président aux Requêtes du Palais, fut pourvû de cette Charge sur la résignation d'Anselme-Bernard Fyot de Vaugimois, & en vertu de Lettres de Provisions du 27 du mois d'Août 1709, & y reçu le 10 du mois de Janvier 1710.

Il porte *d'azur au Chevron d'argent , accompagné de deux Roses aussi d'argent en chef , & d'un Croissant de même en pointe.*

NICOLAS THOMAS, Conseiller Laïc au Parlement , fut pourvû de cette Charge sur la résignation de George de Berbisey , par Lettres de Provisions du 6 du mois de Janvier 1710 ; il y fut reçû le 20 du mois de Mars de la même année , sans aucun examen, après néanmoins qu'il eut tiré sa Loi : son Arrêt de réception porte que ce sera sans tirer à conséquence. On eut cet égard pour Nicolas Thomas , parce qu'il étoit précédemment Maître à la Chambre des Comptes de Bourgogne.

Il porte comme tous ceux de son nom. Voyez ci-devant, p. 105, & Palliot, p. 224 & 249.

FRANÇOIS-ANNE CHARTRAIRE, Seigneur de Givry, Doyen de Vezelay, Conseiller au Parlement, succéda en cette Charge à Antoine-Bernard Comeau, & en obtint les Lettres de Provisions le 26 du mois de Janvier 1710 ; il y fut reçû le 4 du mois de Mars de la même année, après que le Roi lui eut accordé des Lettres de compatibilité avec les parents qu'il avoit dans le Corps du Parlement.

Il porte comme ceux de son nom. Voyez ci-devant, p. 147 & 150.

F RANC,OIS-PIERRE BRETAGNE , Baron de Grignon , Seigneur d'Orain & des Granges , Conseiller Laïc au Parlement , succéda en cette Charge à François-Joseph Bretagne son pere ; les Lettres de Provisions lui en furent expédiées à Paris le 7 du mois de Juin 1710 ; il en obtint aussi de dispense d'âge , & fut reçû le quatre Juillet de la même année. Il étoit en possession de cette Charge lorsqu'il mourut à Paris le 29 Juin 1723, il y est inhumé dans l'Eglise de S. Eustache. Claude - Philippe de Laloge de Broindon remplit aujourd'hui cette Charge.

Il portoit comme son pere. Voyez ci-devant, p. 85 , & Palliot, pag. 66 , 213 , 233 , 250 , 252 , 268 , 297 , 305 & 318.

CLAUDE GUYE DE VORNES, Conseiller au Parlement , Commissaire aux Requêtes du Palais , succéda en cette Charge à Antoine Guye de Vornes son pere ; il fut pourvû de Lettres de Provisions le 29 du mois de Juin 1710 , & fut reçû le neuf du mois de Décembre de la même année ; il passa peu de tems après à une Charge de Conseiller au Parlement, comme on le verra dans la suite.

Il porte comme fon pere. Voyés ci-devant, p. 106.

PHILIBERT DURAND, Seigneur d'Auxy, Confeiller Laïc au Parlement, fut pourvû de cette Charge par la réfignation de Benigne-Germain Legouz, & en vertu de Lettres de Provifions du 28 du mois de Novembre 1710 ; il y fut reçû le 9 du mois de Janvier 1711, & réfigna quelques années après en faveur d'Antoine-Jean-Gabriel Lebault, pour paffer à la Charge de Grand Maître des Eaux & Forêts de cette Province.

Il porte *d'or à la Fafce de gueule , chargée de trois Têtes de Lion arrachées d'or.*

Pour Suports , *deux Lions d'or.*

NICOLAS-CLAUDE PERRENEY , Seigneur de Grosbois , actuellement Préfident au Parlement , fuccéda à Nicolas Perreney fon pere en fa Charge de Confeiller Laïc au même Parlement ; il en fut pourvû en vertu de Lettres de Provifions du 11 du mois de Juillet 1711. Il eut befoin de Lettres de difpenfe d'âge & de compatibilité ; il les obtint , & fut reçû le deuxiéme du même mois. Voyez au Chap. des Préfidents , p. 31.

ANDRE' FIJAN , Seigneur de Talmay , Confeiller Clerc au Parlement , fut pourvû de cette Charge vacante par la mort d'Etienne Milliere , en vertu de Lettres de Provifions du 16 du mois de Juillet 1711 , & y fut reçû le quatre du mois d'Aout de la même année.

Il porte comme Etienne Fijan fon oncle. Voyez ci-devant, p. 127.

EDME-ETIENNE-FRANÇOIS CHAMPION,
Seigneur de Nanfoutil, Choferofe & Lemeix, Confeiller Laïc au
Parlement, fut pourvû de cette Charge par la réfignation de Bernard
Bernard Seigneur de Trouhans, & en vertu de Lettres de Provifions
du 11 du mois de Juillet 1711, il y fut reçû le onze du mois d'Aout
de la même année, après avoir obtenu des Lettres de difpenfe d'âge.

Il porte d'azur à un Homme armé & cuirassé d'or , tenant une Epée & un Bouclier de même.

PHILIBERT-BERNARD GAGNE , présentement Président à Mortier , succéda à la Charge de Conseiller Laïc au Parlement à Antoine Gagne son pere ; il en fut pourvû en vertu de Lettres de Provisions du **23** du mois de Septembre 1711 , & y fut reçû le vingt du mois de Novembre de la même année , après avoir obtenu des Lettres de dispense d'âge & de compatibilité avec François-Bernard Legrand son beau-frere , pour lors Président au même Parlement. Voyez au Chap. des Présidents, p. **27.**

PIERRE DE LA MARE , Seigneur de Chevigny , du Port de Paleau , Billy , des Martinots & Champigny-sur-Tille , Conseiller Laïc au Parlement , par la résignation de Philippe de la Mare son pere , fut pourvû de cette Charge en vertu de Lettres de Provisions du 12 du mois de Décembre 1711 , & y fut reçû le **2** du mois de Janvier 1712.

Il porte comme tous ceux de son nom. Voyez ci-devant, p. 20, 59, 97, & Palliot, p. 311.

CLAUDE DE LA MICHODIERE, actuellement pourvû d'une Charge de Conseiller au Parlement de Paris, le fut de celle au Parlement de Bourgogne, par la résignation de Pierre Parisot de Sainte Sabine, & en vertu de Lettres de Provisions du 28 du mois de Décembre 1711 ; il y fut reçû le 15 du mois de Janvier 1712, après avoir obtenu des Lettres de dispense d'âge, & résigna en faveur de Guillaume Joly.

Il porte comme ſon pere. Voyez ci-devant, p. 120.

MARC-ANTOINE DE CLUGNY, Doyen de l'Egliſe Collégiale de S. Denis de Nuys, Conſeiller Clerc au Parlement, fut pourvû de cette Charge vacante par la mort de Pierre Fevret, & en obtint les Lettres de Proviſions le 22 du mois de Mai 1712 ; le Roi lui accorda des Lettres de diſpenſe d'âge & de compatibilité avec Etienne de Clugny ſon pere, pour lors Conſeiller au même Parlement : il fut reçû le 7 du mois de Juin de la même année 1712.

Il porte comme fon pere. Voyez ci-devant , p. 139.

JEAN-BAPTISTE DEREQUELEYNE, Seigneur de
Barin , Confeiller Laïc au Parlement , fut pourvû de cette Charge
vacante par la mort de Jacques Lebelin , en vertu de Lettres de Provifions du 5 du mois de Juin 1712 ; le Roi lui accorda des Lettres de
difpenfe d'âge & de parenté , & il fut reçû le 23 du mois de Juillet de
la même année. Il mourut dans l'exercice de cette Charge , le 20 Janvier 1730 , & fut inhumé en l'Eglife S. Jean , où eft fa Sépulture.

Il porte comme Antoine-Baltazard Derequeleyne son oncle. Voyez ci-devant, p. 137.

CLAUDE ESPIARD, Seigneur de la Cour, Conseiller Laïc au Parlement, succéda en cette Charge à Claude Espiard son pere, & en obtint les Lettres de Provisions le 13 du mois de Novembre 1712 ; il fut reçû le deux du mois de Décembre de la même année, après avoir obtenu des Lettres de dispense d'âge & de compatibilité avec Jacques-Auguste Espiard de Vernot son grand oncle, pour lors Conseiller au même Parlement.

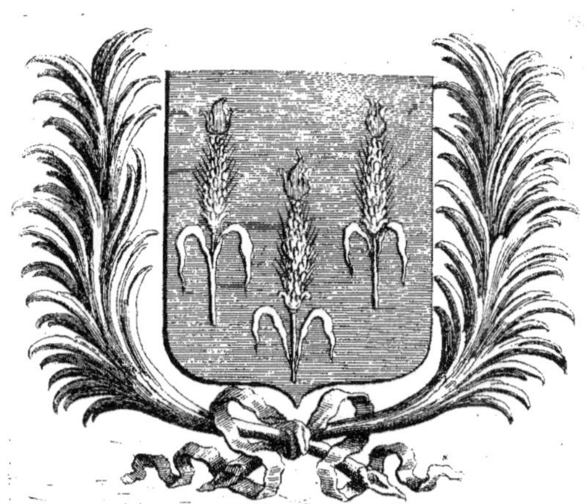

"Il porte comme ceux de fon nom. Voyez ci-devant, p. 58, 78, 81 & 124.

FRANÇOIS-AIME'-JACQUES GAGNE, Baron de Poüilly fur Sône, Confeiller Laïc au Parlement, fut pourvû de cette Charge par la réfignation de Jacques Maletefte, & en vertu de Lettres de Provifions du 3 du mois de Novembre 1712 ; il eut befoin de Lettres de difpenfe d'âge & de compatibilité avec plufieurs parents qu'il avoit au Parlement au degré prohibé ; le Roi les lui accorda, & il fut reçû le 3 du mois de Décembre 1712.

Il porte comme Antoine Gagne fon ayeul, Voyez ci-devant au Chapitre des Préfidents, p. 13, & p. 27 & 98, & Palliot, p. 203, 236, 324 & 347.

ETIENNE FIJAN, Seigneur de Talmay, Confeiller au Parlement, Commiffaire aux Requêtes du Palais, obtint des Lettres de Provifions pour cette Charge, vacante par la mort de Claude Lebault, le 15 du mois de Janvier 1713, & y fut reçû le 6 du mois de Mars de la même année 1713, après s'être pourvû de Lettres de compatibilité avec André Fijan, Pierre de Mucie & Jacques Bretagne, tous Confeillers au même Parlement, fes parens au degré prohibé.

Il porte comme ceux de son nom. Voyez ci-devant, p. 127 & 190.

BENOIST-ETIENNE BERTHIER, présentement Conseiller au Parlement de Paris, fut pourvû d'une Charge de Conseiller Laïc au Parlement, par la résignation de Pierre-Bernard Tapin ; il en obtint les Lettres de Provisions le 8 du mois d'Avril 1713 ; il y fut reçû le douze du mois de Mai suivant, après avoir obtenu des Lettres de dispense d'âge : trois ans après il résigna en faveur de Jacques-Claude Blanche.

Il porte comme son pere. Voyez ci-devant, p. 136.

CLAUDE LEMULIER, Seigneur de Courterolle, Con-seiller au Parlement, Commissaire aux Requêtes du Palais, fut pourvû de cette Charge par la résignation de Lazare Baillet qui traita d'une Charge de Président au Parlement. Claude Lemulier obtint ses Lettres de Provisions le 22 du mois de Mai 1715 ; il avoit des parents au Parlement au degré prohibé, le Roi lui accorda des Lettres de compatibilité, & il fut reçû le 23 du mois de Mai de la même année 1715. Il mourut à Besançon le 10 Janvier 1720, & y fut inhumé en l'Eglise Paroissiale & Collégiale de la Madelaine. Tout le Parle-ment assista en Corps à ses Obséques.

Il portoit *d'azur à deux Cigognes d'argent, affrontées.*

PHILIPPE SUREMAIN, Seigneur de Flammerans,
Conseiller au Parlement, Commissaire aux Requêtes du Palais,
fut pourvû de cette Charge par la résignation de Loüis Jannon, en
vertu de Lettres de Provisions du 12 du mois d'Aout 1713, & y fut
reçû le vingt-deux du mois de Novembre de la même année.

Il porte d'azur au Chevron d'or, à une Main d'argent en pointe.

JEAN-BENIGNE DAVID, Seigneur de Vilars, Conseiller au Parlement, Commissaire aux Requêtes du Palais, fut pourvû de cette Charge vacante par la mort de Julien Clopin, en vertu de Lettres de Provisions du 26 du mois de Novembre 1713 ; après avoir obtenu des Lettres de dispense d'âge, il y fut reçû le 11 du mois de Décembre de la même année ; il passa ensuite à une Charge de Conseiller au Parlement, comme on le verra ci-après.

Il porte *d'azur à une Harpe d'or, accompagnée de trois Etoiles de même, deux en chef & une en pointe.*

JEAN-PIERRE BURTEUR, Conseiller Laïc au Parlement, fut pourvû de cette Charge par la résignation de Jean Quarré, & en vertu de Lettres de Provisions du 24 du mois de Fevrier 1714. Le Roi lui accorda des Lettres de compatibilité avec plusieurs parents qu'il avoit pour lors au Parlement, & il fut reçû le 9 Mars 1714.

Il porte comme son pere & son ayeul. Voyez ci-devant, p. 112 &
118.

ANTOINE-CLAUDE VERCHERE, Seigneur d'Ar-
celot, Conseiller Laïc au Parlement, obtint des Lettres de Provisions pour cette Charge le 23 du mois de Mars 1714, en vertu de
la résignation faite en sa faveur par Charles Darlay ; il eut besoin de
Lettres de dispense d'âge, le Roi les lui accorda, & il fut reçû le 21
Mars 1714.

Il porte *de gueule à une Croix potencée d'or en Cœur, en pointe un Croiſſant d'argent, au Chef couſu d'azur, chargé de trois Étoiles d'or.*

PIERRE NORMANT, Doyen de l'inſigne Egliſe Collégiale de Nôtre-Dame de Beaune, Conſeiller Clerc au Parlement, ſuccéda en cette Charge à Etienne Fijan, & en obtint les Lettres de Proviſions le 7 du mois d'Avril 1714 ; il y fut reçû le 28 du même mois.

Jules-François Perard, Conseiller au Parlement,
Commissaire aux Requêtes du Palais, fut pourvû de cette Charge
par la résignation d'Etienne Perard son pere, en vertu de Lettres
de Provisions du 7 du mois d'Avril 1714, & fut reçû le 2 du mois
de Mai de la même année.

Il porte comme tous ceux de fon nom. Voyez ci-devant, p. 57, 113, 123, & Palliot, p. 319.

JEAN-BAPTISTE BERNARD, Seigneur de Chanteau, S. Didier & Corcelle en Morvant, Maifon-Baude, Droux & Taffonniere, Confeiller Laïc au Parlement, obtint des Lettres de Provifions pour cette Charge le 30 du mois de Juin 1714, en vertu de la réfignation d'André Bernard fon pere ; il y fut reçû le 13 du mois d'Aout de la même année, & le Roi lui accorda des Lettres de difpenfe d'âge & de compatibilité avec Abraham Quarré de Dracy fon beau-frere, Confeiller au même Parlement.

Il porte comme son pere. Voyez ci-devant, pag. 130.

CLAUDE GUYE DE VORNES, Conseiller Laïc au Parlement, fut pourvû de cette Charge en vertu de la résignation faite en sa faveur par Philibert Gagne de Perigny, & de Lettres de Provisions du 22 du mois de Mai 1716; il y fut reçû le 27 Mai 1717, & conserva ses rang, séance & tous droits honorifiques du jour de sa réception en la Charge de Conseiller Commissaire aux Requêtes du Palais, qu'il exerçoit précédemment. Voyez ci-devant, p. 188

PHILIPPE-CLAUDE DE LA LOGE, Seigneur de Broindon, Conseiller au Parlement, Commissaire aux Requêtes du Palais, fut pourvû de cette Charge par la résignation de Guy Chartraire de S. Agnan, & en vertu de Lettres de Provisions du 4 du mois de Janvier 1716; il y fut reçû le 17 du mois de Fevrier suivant, après avoir obtenu des Lettres de dispense d'âge; il passa ensuite à une Charge de Conseiller au Parlement, comme on le verra ci-après.

Il porte *d'azur à un Ours d'or, surmonté de trois Pommes de pin de même.*

JEAN RIGOLEY, Seigneur de Puligny, Conseiller au Parlement, Commissaire aux Requêtes du Palais, fut pourvû de cette Charge par la résignation de Claude Guye de Vornes, & en vertu de Lettres de Provisions du 4 du mois de Janvier 1716 ; il fut reçû le 17 du mois de Fevrier de la même année, après avoir obtenu des Lettres de dispense d'âge : il résigna peu de tems après, pour passer à la Charge de Premier Président en la Chambre des Comptes de Bourgogne.

Il porte comme tous ceux de ſon nom. Voyez ci-devant, p. 107, 162 , 171 & 179.

BENIGNE COMEAU, Seigneur de la Chauſſelle , Conſeiller Laïc au Parlement , fut pourvû de cette Charge par la réſignation de Jean Bouhier de Verſalieux , & en vertu de Lettres de Proviſions du 12 du mois de Mai 1716 ; il y fut reçû le 22 du mois de Juin de la même année , après avoir obtenu des Lettres de diſpenſe d'âge & de compatibilité avec pluſieurs parents qu'il avoit dans le même Parlement au degré prohibé.

Il porte comme son pere. Voyez ci-devant , p. 102.

ETIENNE DE CLUGNY , Baron de Nuis-sur-Armen-çon , Conseiller Laïc au Parlement , fut pourvû de cette Charge sur la résignation d'Etienne de Clugny son pere , par Lettres de Provisions du 14 Juillet 1716 , expédiées en conséquence d'autres Lettres du neuf du même mois de Juillet , contenant dispense d'âge & d'incompatibilité à cause de Marc-Antoine de Clugny son frere , Conseiller Clerc au même Parlement. Il y fut reçû le 23 du même mois de Juillet 1716.

Il porte comme son frere & son pere. Voyez ci-devant, p. 139, & 195.

PIERRE-PHILIBERT LANGUET-ROBELIN, Conseiller Laïc au Parlement, fut pourvû de cette Charge par la démission de Guillaume Languet - Robelin de Rochefort son pere ; il en obtint les Lettres de Provisions le 21 du mois de Mars 1716 ; il eut besoin pour s'y faire recevoir de Lettres de dispense d'âge & de compatibilité avec plusieurs parents qu'il avoit au même Parlement au degré prohibé ; le Roi les lui accorda, & il fut reçû le 11 du mois d'Aout de la même année 1716. Il mourut peu de tems après sa réception , & fut inhumé à Dijon le 28 Septembre 1716, aux Minimes , où est sa sépulture.

Il portoit comme son pere. Voyez ci-devant, p. 129.

JACQUES-CLAUDE BLANCHE, Conseiller Laïc au Parlement, obtint des Provisions pour cette Charge le 7 du mois de Juillet 1716, en vertu de la résignation faite en sa faveur par Benoît-Etienne Berthier ; il y fut reçû le 12 du mois d'Aout de la même année 1716. C'est François Maublanc de Martenet qui a acquis cette Charge en l'année 1732.

Il porte *d'azur au Renard d'or paffant , au Chef d'argent chargé de trois Etoiles de gueule.*

CLAUDE FLEUTELOT, Confeiller Laïc au Parlement , fut pourvû de cette Charge par la démiſſion de Benigne Fleutelot ſon pere ; les Lettres de Proviſions lui en furent expédiées le 24 du mois de Novembre 1716 ; après avoir obtenu des Lettres de diſpenſe d'âge , il y fut reçû le 11 du mois de Décembre de la même année.

Il porte comme son pere. Voyez ci-devant, p. 131.

CHARLES RICHARD, Conseiller Laïc au Parlement, fut pourvû de cette Charge par la résignation de Nicolas Richard son pere, & en vertu de Lettres de Provisions du 20 du mois d'Octobre 1716; il y fut reçû le 11 du mois de Décembre de la même année, après avoir obtenu des Lettres de dispense d'âge.

Il porte comme son pere. Voyez ci-devant, p. *135.*

GUILLAUME JOLY, Conseiller Laïc au Parlement, obtint des Lettres de Provisions pour cette Charge le 8 du mois de Juin 1717, en vertu de la résignation en sa faveur de Claude de la Michodiére. Guillaume Joly fut reçû le 25 du même mois de Juin 1717, & mourut à Dijon peu de tems après, le 23 Septembre 1719. Il est inhumé aux Cordeliers dans la Chapelle où est sa sépulture.

Il portoit comme son pere. Voyez ci-devant, p. 95.

PHILIBERT JEHANNIN, Conseiller Laïc au Parle-
ment, fut pourvû de cette Charge vacante par la mort de Pierre-
Philibert Languet-Robelin, en vertu de Lettres de Provisions du
3 Juillet 1717, & fut reçû le 28 du même mois & de la même année, après avoir obtenu des Lettres de compatibilité avec plusieurs
parents qu'il avoit pour lors au Parlement, & de dispense d'âge.

Il porte comme son pere & son oncle. Voyez ci-devant, p. 115 & 140.

CLAUDE-PHILIBERT FYOT DE LA MARCHE, Comte de Bosjan, actuellement Président à Mortier, fut pourvû de la Charge de Conseiller Laïc au Parlement-Garde des Sceaux en la Chancellerie près la même Cour, sur la résignation de Philippe Fyot de la Marche son pere, Président à Mortier, par Lettres données à Paris le 2 d'Octobre 1717, & y fut reçû le premier de Fevrier 1718, après avoir obtenu des Lettres de dispense d'âge & de compatibilité avec les parents qu'il avoit dans la Compagnie au degré prohibé ; il l'exerça pendant cinq ans, après lesquels il s'en démit en faveur de Jacques-Philippe Fyot de la Marche, Seigneur de Neuilly, son frere, qui la remplit aujourd'hui. Voyez ci-devant au Chapitre des Présidents, page 30.

ALEXANDRE MAIRETET, Seigneur de Minot, Conseiller Laïc au Parlement, fut pourvû de cette Charge sur la résignation d'Abraham-François de Migieu, il en obtint les Lettres de Provisions le 7 du mois de Juillet 1718, & y fut reçû le trente du même mois & de la même année.

Il porte *d'argent à l'Olivier de finople , au Chef d'azur , chargé de trois Etoiles auffi d'argent.*

JEAN-FRANÇOIS JOLY, Seigneur de Chintré & Saint Amour, Confeiller Laïc au Parlement, fur la réfignation faite en fa faveur par Jean-Antoine Lenet, obtint des Lettres de Provifions pour cette Charge le 27 du mois d'Aout 1718, & y fut reçû le 26 du mois de Novembre de la même année, après que le Roi lui eut accordé des Lettres de difpenfe d'âge.

Il porte au premier & quatriéme *d'azur au Chef d'or*, au deux & trois *d'azur au Chevron d'or, accompagné en chef de deux Etoiles de même, & en pointe d'une Tête d'Enfant de carnation, cheve- lée d'or.*

Suports, *deux Lions.*

Cimier, *un Enfant de carnation, ayant sur la poitrine un Ecuſ ſon de ſable à deux Chevrons d'argent.*

Et pour Deviſe, ces mots, Toujours serai.

ANTOINE JEHANNIN ARVISET, Seigneur de Chamblan, Conſeiller Laïc au Parlement, fut pourvû de cette Charge par la réſignation de Jean Jehannin ſon pere, & en vertu de Lettres de Proviſions du 20 du mois de Septembre 1719; il obtint en même tems des Lettres de compatibilité avec pluſieurs parents qu'il avoit au même Parlement, & fut reçû le premier du mois de Dé- cembre 1719.

Il porte écartelé au premier & quatriéme comme son pere & son frere. Voyez ci-devant, p. 140 & 217, au deux & trois, *de gueule au Chevron d'or, accompagné de deux Larmes d'argent en chef, & d'un Croißant de même en pointe, surmonté d'une Étoile d'or,* qui est d'Arvifet.

ANTOINE JOLY, Marquis de Blaify, Seigneur de Norges, Conseiller Laïc au Parlement, fut pourvû de cette Charge vacante par la mort de Guillaume Joly son frere, en vertu de Lettres de Provisions du 10 du mois de Novembre 1719, & y fut reçû le 9 du mois de Décembre de la même année.

Il porte comme son frere & son pere. Voyez ci-devant , p. 95 &
216.

LOUIS CHARPY, Seigneur de S. Usage & Echenon,
Conseiller Laïc au Parlement, fut pourvû de cette Charge par la
démission de Claude-Benigne Fleury , & en vertu de Lettres de Provisions du 20 du mois de Mars 1720 , il y fut reçû le 11 du mois
d'Avril suivant , sans examen , ayant été précédemment pourvû d'une
Charge de Conseiller au Parlement de Metz.

Il porte *d'or à une Aigle de fable à deux Têtes éployées, chargée en cœur d'un Ecu d'azur à trois Epics d'or iffants d'un Croiffant d'argent, au chef d'azur, chargé d'une Croix d'argent potencée & mife en fafce.*

CLAUDE VARENNE, Seigneur de Bauvernois & d'Huly en partie, Confeiller Laïc au Parlement, fut pourvû de cette Charge par la démiffion volontaire de Loüis Gontier, & en vertu de Lettres de Provifions du premier du mois de Mars 1720 ; il fut reçû le 18 du mois d'Avril de la même année, & mourut à Dijon le 4 Novembre 1722. Il y eft inhumé dans l'Eglife Collégiale de S. Etienne, où eft fa fépulture. Jean Cothenot de Mailly remplit aujourd'hui cette place.

Il portoit *d'azur à deux Cotisses d'argent mises en fasce , accom-pagnées de trois demi-Vols de même , deux en chef & un en pointe.*

ANTOINE-BENIGNE LAMY, Conseiller Laïc au Parlement, obtint des Lettres de Provisions pour cette Charge le 15 du mois de Mars 1720, en vertu de la résignation en sa faveur de Claude Perreney, actuellement Président au Parlement. Antoine-Benigne Lamy obtint du Roi des Lettres de dispense d'âge, & fut reçû le 17 du mois de Juin 1720.

Il porte d'azur à trois Lézards d'argent, deux en chef & un en pointe.

PHILIBERT DEMAILLARD, Seigneur de Creancey, Baume Locher & Pantier, Conseiller Laïc au Parlement, succéda en cette Charge à Claude Démaillard son pere ; il en fut pourvû en vertu de Lettres de Provisions du 14 du mois de Juin 1720 , & y fut reçû le 26 du même mois & de la même année , après avoir obtenu des Lettres de compatibilité avec les parents qu'il avoit pour lors au Parlement au degré prohibé.

Il porte comme son pere. Voyez ci-devant, p. 84.

PIERRE LEAULTE', Seigneur en partie de Chaſſey, Conſeiller au Parlement, Commiſſaire aux Requêtes du Palais, fut pourvû de cette Charge par la réſignation en ſa faveur d'Antoine Moriſot, & en vertu de Lettres de Proviſions du 14 du mois de Juin 1720 ; il y fut reçû le premier du mois de Juillet de la même année.

Il porte *de gueules à une Foi d'argent posée en fasce, surmontée d'un Cœur de même, & accompagnée d'un Croissant aussi d'argent en pointe.*

BENJAMIN-FRANÇOIS LE CLERC, Conseiller au Parlement, Commissaire aux Requêtes du Palais, fut pourvû de cette Charge par la résignation en sa faveur de Jean-François Rigoley, & en vertu de Lettres de Provisions du 14 du mois de Juin 1720 ; il fut reçû le premier du mois de Juillet de la même année.

Il porte *d'argent à la Bande de gueule, chargée de trois Etoiles d'or.*

LOUIS-ALEXANDRE-CATHERIN DUPORT, Seigneur de Montplaisant, actuellement Président au Parlement, fut pourvû d'une Charge de Conseiller Laïc au même Parlement, vacante par la mort de Jean-Baptiste Garron de Chatenay, & en fut pourvû en vertu de Lettres de Provisions du 18 du mois de Juillet 1720 ; il fut reçû le 9 du mois d'Aout de la même année, & résigna à Claude-Antoine Cortois. Voyez ci-devant au Chapitre des Présidents, p. 32.

ANTOINE-LOUIS DE MUCIE, Seigneur de Cercot, Chatenay & d'Hauvet, Conseiller Laïc au Parlement, fut pourvû de cette Charge par la résignation de Jacques de Mucie son pere, & en vertu de Lettres de Provisions du 21 du mois de Novembre 1720 ; il obtint en même tems des Lettres de dispense d'âge & de compatibilité avec plusieurs parents qu'il avoit pour lors au même Parlement, & fut reçû le 20 du mois de Décembre de la même année 1720.

Il porte comme son pere. Voyez ci-devant, p. 163.

JOSEPH-IGNACE ROLLET de la Tour des Prost, Conseiller Laïc au Parlement, après la résignation qui lui fut faite de cette Charge par Claude Fleutelot, en obtint les Lettres de Provisions le 23 du mois d'Avril 1721 ; il y fut reçû le 12 du mois de Mai de la même année, après s'être pourvû de Lettres de dispense d'âge.

Il porte *de gueule à la Bande d'or , chargée d'un Ours de fable,
lampaffé de gueule , accofté en chef d'une Epée d'argent , & en pointe
d'une Molette d'Eperon auffi d'argent.*

Suports , *deux Griffons d'argent.*

Et pour Cimier , *un Ours naiffant de fable , tenant à fa patte
une Epée d'argent.*

PIERRE ESPIARD HUMBERT, Chevalier de l'Or-
dre Militaire de S. Loüis, Seigneur & Baron d'Allerey, S. Ger-
vais , Corcelles , Neuvelle & Port de Chauvore , Confeiller Laïc au
Parlement , fut pourvû de cette Charge par la réfignation qui lui en
fut faite par Jacques-Augufte Efpiard de Vernot fon pere Doyen de
la Cour ; il en obtint les Lettres de Provifions le 3 du mois de Juillet
1722 , & y fut reçû le 15 du même mois.

Il porte écartelé au premier & quatriéme, *d'azur à trois Epics de bled d'or*, au deux & trois *de gueule à deux Lions d'or à une Tête, posés en Chevron, & une Etoile d'argent en pointe.*
Pour Suports, *deux Amours aîlés au naturel.*

JEAN-ELIZABETH MILLE, Conseiller au Parlement, Commissaire aux Requêtes du Palais, fut pourvû de cette Charge vacante par la mort de Claude Lemulier, en vertu de Lettres de Provisions du 10 du mois de Juillet 1722, & y fut reçû le quatre du mois d'Aout de la même année.

Il porte *d'argent au Chevron de gueule, accompagné de trois Epics de Millet feuillés & soutenus de sinople, deux en chef & un en pointe.*

Suports, *deux Lions.*

PIERRE QUARRE', Seigneur d'Estroyes, Conseiller Laïc au Parlement, fut pourvû de cette Charge vacante par la mort de François Depize, en vertu de Lettres de Provisions du 7 du mois d'Aout 1722 ; il eut besoin de Lettres de compatibilité avec plusieurs parents qu'il avoit pour lors au même Parlement. Le Roi les lui accorda, & le dispensa de l'âge prescrit par les Ordonnances ; il fut reçû le 2 du mois de Décembre de la même année 1722.

Il porte comme son pere. Voyez ci-devant, p. 144.

JACQUES-PHILIPPE FYOT DE LA MARCHE,
Seigneur de Neuilly, Senecey & Sâne, Conseiller Laïc au Parlement-Garde des Sceaux en la Chancellerie près la même Cour, fut
pourvû de cette Charge, sur la résignation de Claude-Philibert Fyot
de la Marche son frere, Président à Mortier, par Lettres du 20 de
Novembre 1722, & y fut reçû le 19 de Décembre de la même année,
après avoir obtenu des Lettres de dispense d'âge & de compatibilité
avec les Parents qu'il avoit dans le Parlement au degré prohibé.

Il porte écartelé au premier & quatriéme, *d'azur au Chevron d'or, accompagné de trois Losanges de même*; au second & troi-siéme, *de sable à trois Bandes d'or.* Voyez ci-devant, p. 11, 24, 30, & 142, & Palliot, p. 96, 210, 225, 235, 255, 290 & 359.

FRANC,OIS COEURDEROY, Conseiller au Parlement, Président au Requêtes du Palais, succéda en cette Charge à Etienne Cœurderoy son pere qui la lui résigna. François Cœurderoy en fut pourvû en vertu de Lettres de Provisions du 20 du mois de Janvier 1723, & y fut reçû le 5 du mois de Mars de la même année, après avoir obtenu des Lettres de dispense d'âge.

Il porte comme son pere & son ayeul. Voyez ci-devant, p. 62 & 125.

CLAUDE-PHILIPPE DE LA LOGE, Seigneur de Broindon, Conseiller Laïc au Parlement, fut pourvû de cette Charge vacante par la mort de François-Pierre Bretagne, en vertu de Lettres de Provisions du 23 du mois de Mars 1724; il y fut reçû le 30 du même mois, & de la même année : il avoit exercé précédemment une Charge de Conseiller aux Requêtes du Palais, & a conservé au Parlement en cette qualité, ses rang, scéance & droits honorifiques; il résigna, lors de sa mutation, en faveur de Pierre Normant puîné. Voyez ci-devant, p. 208.

JEAN COTHENOT DE MAILLY, Conseiller Laïc au Parlement, succéda en cette Charge à Claude Varenne, & en fut pourvû par Lettres de Provisions du 26 du mois de Mars 1724; il y fut reçû le 31 du mois de Mars de la même année. Il exer-çoit précédemment une Charge de Trésorier au Bureau des Finances de cette Province.

Il porte *d'azur à deux Chevrons d'or, le second surmonté d'une Etoile d'argent, un Croissant aussi d'argent en pointe, surmonté d'une Rose d'or.* Voyez Palliot, p. 245.

JEAN-BENIGNE BERNARD DAVID, Seigneur de Vilars, précédemment pourvû d'une Charge de Conseiller, Commissaire aux Requêtes du Palais, le fut de celle de Conseiller Laïc au Parlement, en vertu de la résignation faite en sa faveur, par Eugene de Mongey ; il en obtint les Lettres de Provisions le 30 du mois de Mars 1724, & il fut reçû le 4 du mois d'Avril de la même année ; il conserve ses rang, scéance, & droits honorifiques du jour de sa réception aux Requêtes du Palais. Voyez ci-devant page 202.

ETIENNE DAGONEAU, Conseiller Laïc au Parlement, obtint des Lettres de Provisions pour cette Charge le 27 du mois d'Avril 1724, en vertu de la résignation qui lui en fut faite par Etienne Dagoneau Seigneur de Marcilly son pere ; il y fut reçû le 15 du mois de Mai de la même année 1724, après s'être pourvû de Lettres de dispense d'âge, dattées du 8 Avril précédent.

Il porte comme son pere. Voyez ci-devant , p. 189.

JEAN-BAPTISTE BAZIN, Conseiller Laïc au Parlement , fut pourvû de cette Charge vacante par la mort de
Charles de Brosses , en vertu de Lettres de Provisions du 18 du
mois de Mai 1724 ; il y fut reçû le 20 du mois de Juin de la même année, après avoir obtenu des Lettres de dispense d’âge & de
parenté.

Il porte comme son pere. Voyez ci-devant, p. 145.

JOSEPH-MARIE LEMULIER, Seigneur de Saucy, Conseiller au Parlement, Commissaire aux Requêtes du Palais, fut pourvû de cette Charge par la résignation de Jean-Benigne-Bernard David, & en vertu de Lettres de Provisions du 16 du mois de Juin 1724 ; il obtint en même tems des Lettres de dispense d'âge, & fut reçû le 24 du mois de Juillet de la même année 1724.

Il porte comme Claude Lemulier de Courterôlle. Voyez ci-devant, p. 200.

JACQUES-VINCENT LANGUET ROBELIN de Rochéfort, Conseiller Laïc au Parlement, en vertu de la résignation faite en sa faveur par Denis Rigoley, obtint des Lettres de Provisions pour cette Charge le 14 du mois de Juillet 1725 ; & il fut reçû le 8 du mois d'Aout de la même année, après s'être pourvû de Lettres de dispense d'âge & de parenté. Après l'avoir possédée pendant quatre années & quelques mois, il passa à une Charge de Président à Mortier. Voyez ci-devant au Chapitre des Présidents, page 33.

JOSEPH-LOUIS PERRIN, Seigneur de Cypierre, Conseiller Laïc au Parlement, fut pourvû de cette Charge par la résignation en sa faveur de Hugue Guyard ; il en obtint les Lettres de Provisions le 19 du mois d'Avril 1725, & fut reçû le premier du mois de Décembre de la même année. Il ne la posséda que peu d'années, & après son décès elle passa à Jean Villedieu, qui en est actuellement revêtu.

Il portoit, *d'or au Lion rampant de sable,* contre une Colomne *de gueule du côté seneftre.*

PIERRE NORMANT du Monceau, Conseiller au Parlement, Commissaire aux Requêtes du Palais, fut pourvû de cette Charge sur la résignation faite en sa faveur, par Claude-Philippes de la Loge, & des Lettres de Provisions qu'il obtint le 18 du mois de Juillet 1726 ; il y fut reçû le 29 du même mois & de la même année.

Il porte comme Pierre Normant fon frere. Voyez ci-devant, p. 205.

LOUIS-ARNAUD DE LA BRIFFE, Confeiller Laïc au Parlement, en vertu de la réfignation faite en fa faveur par Claude Loppin, obtint des Lettres de Provifions pour cette Charge le 3 du mois de Juillet 1727 ; le Roi lui accorda en même tems des Lettres de difpenfe d'âge dont il avoit befoin, à la vûë defquelles il fut reçû le 14 du mois de Juillet de la même année.

Il porte écartelé au premier , *d'argent à la Fasce de gueule chargée de trois Quarte-feüilles du champ, accompagnée de trois Têtes de Maure bandées d'argent* ; au second , *d'argent au Lion de sable , à la bordure du champ, chargée de sept Besans d'azur bordez, d'argent, & chargés chacun d'une Etoile de même , posez en pal & un en pointe* ; au troisiéme *d'azur , au premier quartier échiqueté d'argent & d'azur, & en pointe deux Mains d'argent posées en pal* ; au quatriéme , *d'argent au Lion de sable en cœur, accompagné de trois Maillets de gueule* ; & sur le tout, *d'argent au Lion de sable , à la bordure d'argent , chargée six Merlettes de sable , trois en chef, une à chaque côté & une en pointe.*

CLAUDE-ANTOINE CORTOIS HUMBERT, Seigneur de Charnaille , Jamble , Quincey & autres lieux , Conseiller Laïc au Parlement , fut pourvû de cette Charge , par la résignation en sa faveur , de Loüis-Alexandre Catherin Duport de Montplaisant ; & en vertu des Lettres de Provisions du 15 du mois de Mai 1727 , il y fut reçû le 16 du mois de Juillet de la même année, après avoir obtenu des Lettres de dispense d'âge.

Il porte *écartelé*, au premier & quatriéme, *d'argent à la traînée de Lierre de sinople, posée en fasce, au Chef d'or, chargé d'une Aigle éployée de sable*; au second & troisiéme, *de gueules à deux Lions d'or à une tête, posez en Chevron, & une Etoile d'argent en pointe.*

JEAN-LOUIS-MALETESTE de Villey, Conseiller Laïc au Parlement fut pourvû de cette Charge par la résignation en sa faveur de Bernard Bernard de Sasseney; il y fut reçû le 15 du mois de Décembre 1727, en vertu de Lettres de Provisions du 26 du mois de Novembre précédent, après en avoir obtenu de dispense d'âge.

Il porte comme son pere, & tous ceux de son nom. Voyez ci-devant p. 92 & 168, & Palliot p. 322.

ANTOINE-JEAN-GABRIEL LEBAULT, Conseiller Laïc au Parlement, obtint des Lettres de Provisions pour cette Charge le 26 du mois de Mars 1728, en vertu de la résignation que Philibert Durand d'Auxy en fit en sa faveur; il y fut reçû le 28 du mois d'Avril de la même année 1728.

Il porte comme fon pere. Voyez ci-devant, p. 157.

CHARLES PERRENEY d'Athefan, Confeiller Laïc au Parlement, fut pourvû de cette Charge par la réfignation de François Efpiard de Vernot, & en vertu de Lettres de Provifions du 9 du mois d'Avril 1728; après avoir obtenu des Lettres de difpenfe d'âge, il fut reçû le 21 Avril 1728.

Il porte , *d'azur semé d'Etoiles d'or.*

CHARLES DE BROSSES Conseiller Laïc au Parlement, fut pourvû de cette Charge sur la démission volontaire de Jean-Baptiste Bazin ; il en obtint les Provisions le 3 Février 1730, & y fut reçû le 13 du même mois & de la même année.

Il porte comme son pere & son ayeul. Voyez ci-devant, pages 108 & 174.

FRANC,OIS-BERNARD NORMANT, Conseiller Laïc au Parlement, fut pourvû de cette Charge par le décès de Jacques-Charles Fevret de Fontette, & en vertu de Lettres de Provisions du 17 Fevrier 1730, & de Lettres de compatibilité avec Pierre Normant son frere, il y fut reçu le 2 Mars 1730.

Il porte comme son frere. Voyez ci-devant, p. 205.

JEAN-ETIENNE QUARRE' de Cortiamble de Givry, Conseiller Laïc au Parlement, fut pourvû de cette Charge sur la démission volontaire de Jacques-Vincent Robelin de Rochefort, & en vertu de Lettres de Provisions du 28 Avril 1731 : il eut besoin de Lettres de dispense d'âge, que le Roi lui accorda, & il fut reçû le 2 Juin 1731.

Il porte comme tous ceux de son nom. Voyez ci-devant p. 72 , 144 , & 158 , & Palliot , p. 232 , 257 & 342.

DENIS BARBUOT, Conseiller au Parlement ,Commissaire aux Requêtes du Palais , fut pourvû de cette Charge sur la résignation d'Octave Cottin de la Barre ; & en vertu de Lettres de Provisions , données à Fontainebleau le 24 Mai 1730 , il y fut reçû le 17 Juin suivant.

Il porte *de finople à la Fafce d'argent accompagnée de trois Epics d'or, deux en chef & un en pointe.*

JEAN VILLEDIEU, Confeiller Laïc au Parlement, fut pourvû de cette Charge par le décès de Jofeph-Loüis Perrin ; & en vertu de Lettres de Provifions du 16 Juin 1730, il y fut reçû le 6 Juillet fuivant.

Il porte *d'azur à deux Pals d'or , au Chef d'Hermine.*

GERMAIN-ANNE LOPPIN, Conseiller Laïc au Parlement, fut pourvû de cette Charge par la réfignation d'Alexandre Pernot , & en vertu de Lettres de Provifions du 17 Aout 1731 : il obtint en même tems des Lettres de difpenfe d'âge & de compatibilité , & fut reçû le 26 Novembre de la même année.

Il porte comme son pere. Voyez ci-devant, p. 180.

FRANÇOIS MAUBLANC, Seigneur de Martenet, Conseiller Laïc au Parlement, fut pourvû de cette Charge sur la résignation de Jacques-Claude Blanche ; les Lettres de Provisions lui en furent accordées le 29 Juin 1732 , & il y fut reçû le 16 Juillet suivant. Il eut besoin de Lettres de dispense d'âge que Sa Majesté lui accorda.

Il porte *contre-herminé.*

AVOCATS GENERAUX AU PARLEMENT.

CHAPITRE VI.

JEAN NICOLAS, Conseiller du Roi en ses Conseils, Avocat Général au Parlement, fut pourvû de cette Charge par Lettres de Provisions du 15 du mois de Septembre 1659, après en avoir traité avec la Veuve de Gaspard Quarré son oncle; il y fut reçû par Arrêt du 16 du mois de Décembre de la même année; & la résigna après 17 ans d'exercice à François Quarré Seigneur d'Aligny. Il mourut le 19 Janvier 1685. Il a été inhumé dans l'Eglise des RR. PP. Cordeliers.

Jean Nicolas épousa la fille de Jean Quarré Conseiller au Parlement, & pour lui témoigner combien il faisoit de cas de cette alliance, il ne porta plus d'autres Armes que celles de Quarré.

FRANÇOIS QUARRE', Seigneur d'Aligny, Conseiller du Roi en ses Conseils, Avocat Général au Parlement, fut pourvû de cette Charge sur la résignation de Jean Nicolas, & en vertu de Lettres de Provisions données à Versailles le 27 du mois de Juillet 1675, & y fut reçû par Arrêt du 9 du mois d'Aout de la même année. Il mourut le 31 Octobre 1721, après l'avoir exercée pendant près de 23 ans. Il est inhumé dans l'Eglise Paroissiale de S. Pierre.

Il portoit *échiqueté d'argent & d'azur au Chef d'or , chargé d'un Lion paſſant de ſable ,* & non léopardé comme le veut Palliot aux feuillets 231 , 251 & 342.

Pour Suports, *deux Lions de ſable.*

Et pour , Cimier *une tête de Lion de même.*

JOSEPH DURAND, Conſeiller du Roi en ſes Conſeils, Avocat Général au Parlement, fut pourvû de cette Charge ſur la réſignation de Marc-Antoine Millotet, & en vertu de Lettres de Proviſions données à Chaville le 7 du mois de Novembre il y fut reçû par Arrêt du 11 du mois de Décembre de la même année. Après 28 ans d'exercice , le Roi l'honora du titre de Conſeiller d'Honneur au Parlement ; les Lettres qu'il en obtint le 2 Mars 1709, furent enrégiſtrées par Arrêt du 4 Juillet de la même année. Il mourut à Dijon le 20 Juillet 1710 ; il y fut inhumé en l'Egliſe Paroiſſiale de S. Jean , où eſt ſa ſépulture.

Il portoit écartelé , au premier & quatriéme *d'azur ,* au deux & trois *de gueule au Chef d'or , chargé d'un Aiglon de fable.*

FRANÇOIS QUARRE', Seigneur de Quintin, Conseiller du Roi en ses Conseils , Avocat Général au Parlement, fut pourvû de cette Charge en vertu de Lettres de Provisions données à Versailles le 12 Décembre 1697 , sur la résignation de François Quarré Seigneur d'Aligny ; il obtint du Roi des Lettres de dispense d'âge & de parenté, & fut reçû par Arrêt du 2 Janvier 1698; il plût ensuite au Roi de le nommer à la Charge de Procureur Général au même Parlement, dont il est aujourd'hui revêtu. Voyez-ci après au Chapitre des Procureurs Généraux.

GASPARD-THIBAULT THIERRY, Conseiller du Roi en ses Conseils , Avocat Général au Parlement , fut pourvû de cette Charge en vertu de Lettres de Provisions données à Versailles le 30 du mois de Décembre 1708, sur la résignation de Joseph Durand; il obtint en même tems des Lettres de dispense d'âge , & fut reçû par Arrêt du 6 du mois de Mars 1709 : il est aujourd'hui en exercice.

Il porte *d'azur à la Fasce d'or.*
Et pour Suports, *deux Lions au naturel.*

JEAN PARISOT, Seigneur de Crugey, Conseiller du Roi
en ses Conseils, Avocat Général au Parlement, fut pourvû de
cette Charge sur la résignation de François Quarré, en vertu de Lettres de Provisions données à Versailles le 7 du mois de Juillet 1709 ; il
obtint des Lettres de dispense d'âge & de parenté, & fut reçû par
Arrêt du 23 du mois de Juillet de la même année. Il exerça cette
Charge pendant 10 ans, & passa ensuite à celle de Maître des
Requêtes de l'Hôtel, dont il est aujourd'hui revêtu.

Il porte comme son-pere, *d'argent au Perroquet de sinople.*

NICOLAS GENREAU, Conseiller du Roi en ses Conseils, Avocat Général au Parlement, fut pourvû de cette Charge sur la résignation de Jean Parisot, & en vertu de Lettres de Provisions du 2 du mois de Février 1719 ; il a obtenu des Lettres de dispense d'âge & de parenté , & fût reçû en cette Charge dont il est actuellement revêtu , par Arrêt du 17 du même mois de Fevrier 1719.

Il porte *d'azur, au Tourne-sol d'or à l'aspect d'un Soleil de même, posé à l'Angle dextre du Chef de l'Ecu.*

PROCUREURS GENERAUX.

CHAPITRE VII.

JACQUES DE GUILLON, Seigneur de Richebourg, Conseiller du Roi en ses Conseils, Procureur Général au Parlement, fut pourvû de cette Charge par la démission de Pierre Lenet, & en vertu de Lettres de Provisions du 13 du mois d'Aout 1649 ; il fut reçû le 20 du mois de Décembre de la même année : il remplit les fonctions de cette place pendant cinq ans seulement, étant mort le

Il portoit *d'argent à la Bande de gueule, avec une Bordure de même.*

DENIS LANGUET, Comte de Rochefort, la Croifette, Baron de Saffre, de Gergy, S. Cofme, la Villeneuve, & Montigny fur Vingeanne, Confeiller du Roi en fes Confeils, Procureur Général au Parlement , fut pourvû de cette Charge vacante par la mort de Jacques de Guillon, en vertu de Lettres de Provifions du 2 du mois d'Avril 1654, & y fut reçû par Arrêt du 12 du mois de Juin de la même année. Il l'exerça pendant 26 ans , & en eft mort revêtu le 20 Aout 1680, dans fa Terre de Rochefort où il eft inhumé.

Il portoit *d'azur au Triangle équilatéral clefché & renverfé d'or, chargé de trois Molettes de gueule fur les angles.*
Cimier , *un Lion iffant.*
Suports , *deux Lions.*

CLAUDE PARISOT, Seigneur de Sainte Sabine & de Crugey, Confeiller du Roi en fes Confeils, Procureur Général au Parlement , fut pourvû de cette Charge vacante par la mort de Denis Languet, en vertu de Lettres de Provifions, données à Fontainebleau le 18 Septembre 1681 ; il y fut reçû par Arrêt du 22 Mars 1682, & l'a exercée pendant près de 27 ans. Il mourut à Paris le Janvier 1709.

Il portoit *d'argent au Perroquet de finople.*

FRANC,OIS QUARRE', Seigneur de Quintin, Confeiller du Roi en fes Confeils, Procureur Général au Parlement , fut pourvû de cette Charge vacante par la mort de Claude Parifot, en vertu de Lettres de Provifions données à Verfailles , le 19 du mois de Fevrier 1709 , il y fut reçû par Arrêt du 18 du mois de Mars de la même année ; il portoit alors la Charge d'Avocat Général au même Parlement, qu'il réfigna en faveur de Jean Parifot.

Il porte *échiqueté d'argent & d'azur, au Chef d'or, chargé d'un Lion paſſant de ſable.*
Pour Cimier *une tête de Lion de ſable.*
Et pour Suports, *deux Lions au naturel.*

LOUIS QUARRE' de Quintin, Conſeiller du Roi en ſes Conſeils, Procureur Général au Parlement, fut pourvû de cet Office en ſurvivance & ſur la démiſſion de François Quarré ſon pere ; il en obtint les Lettres à Verſailles le 18 du mois d'Avril 1724, à condition néanmoins qu'il ne pourra l'exercer pendant la vie de François Quarré ſon pere, à moins qu'il n'ait atteint l'âge de 30 ans accompli ; il y fut reçû à ces conditions par Arrêt du 12 du mois de Juillet 1724. Depuis par autres Lettres du 12 Juillet 1731, le Roi lui a permis d'exercer concurremment avec ſon pere, & ces Lettres furent enregiſtrées le 30 dudit mois.

Il porte comme François Quarré ſon pere.

GREFFIERS EN CHEF.

ANTOINE JOLY, Conseiller du Roi, Greffier en Chef Civil & Criminel au Parlement, fut commis à l'exercice de l'Office de Greffier en Chef Civil, & Maître Clerc Civil Ancien, Alternatif, & Triennal, après la mort de Benigne Joly, Seigneur de Cutigny, sur la nomination des Engagistes des Greffes de cette Cour. Il y fut reçû par Arrêt du 7 du mois de Juin 1687, en exécution de l'Edit de création en titre d'Offices héréditaires de ces Greffes, du 23 Avril de la même année. Mais le Roi par autre Edit du mois de Décembre 1699 ayant suprimé ces Offices, & les ayant rétablis ensuite, Sa Majesté lui accorda des Lettres de vétérance de la Charge de Greffier en Chef Criminel qu'il exerçoit depuis plusieurs années, données à Thionville le 27 de Juillet 1673, & enrégistrées le 4 de Fevrier suivant. Il exerça cette Charge jusqu'à son décès arrivé le 6 de Janvier 1702. Il a été inhumé en l'Eglise Cathédrale de S. Etienne où est sa Sépulture : le Parlement en Corps assista à ses Obséque s

Il portoit écartelé, au premier & quatriéme *d'azur, au Lys naturel d'argent, au Chef d'or, chargé d'une Croix patée de fable;* au deux & trois *d'azur, au Léopard paſſant d'or, armé de gueule.*
Pour Cimier, *un Griffon naiſſant d'or.*
Et pour Suports, *deux Griffons de même.*

GEORGE JOLY, Conſeiller du Roi, Greffier en Chef Civil au Parlement, a été pourvû de cet Office ſur la nomination d'Antoine Joly ſon pere, & des autres Engagiſtes des Greffes Civils & Criminel de cette Cour : il y fut reçû par Arrêt du 6 Avril 1696 : mais le Roi ſuprima encore ces Offices, & y commit .George Joly eſt mort à Dijon le 29 de Janvier 1732, & a été inhumé en l'Egliſe Cathédrale de S. Etienne, où eſt ſa Sépulture.

Il portoit comme ſon pere.

TABLE

DES NOMS DES FAMILLES,
dont les Armes sont blasonnées & representées
en ce Livre.

APROBATION.

NOUS souffignés Directeurs des affaires économiques du Palais , certifions avoir lû & examiné le Livre du Sieur Petitot, qui a pour titre , *Continuation de l'Hiftoire du Parlement de Bourgogne* , & que nous n'y avons rien trouvé qui en puiffe empêcher l'impreffion. Fait à Dijon dans le Cabinet de la Grand'Chambre , le 20 Mars 1731. *Signé* , RICHARD, JEHANNIN, JEHANNIN-ARVISET.

PRIVILEGE DU ROI.

LOUIS par la grace de Dieu , Roi de France & de Navarre , à nos amés & feaux Confeillers, les Gens tenans nos Cours de Parlement , Maîtres des Requêtes ordinaires de nôtre Hôtel, Grand Confeil , Prevôt de Paris , Baillis , Sénéchaux , leurs Lieutenans Civils, & autres nos Jufticiers qu'il apartiendra , SALUT. Nôtre bien amé ANTOINE DE FAY Imprimeur & Libraire à Dijon, Nous ayant fait remontrer qu'il fouhaiteroit d'imprimer ou faire imprimer, & donner au Public *la Continuation de l'Hiftoire du Parlement de Bourgogne, par le Sieur Petitot*, s'il Nous plaifoit lui accorder nos Lettres de continuation de Privilege fur ce néceffaires ; offrant pour cet effet de le réimprimer ou faire réimprimer en bon papier & en beaux caracteres , fuivant la feüille imprimée & attachée pour modéle fous le contre-fcel des Préfentes : A ces caufes , voulant traiter favorablement ledit Expofant, Nous lui avons permis & permettons par ces Préfentes de réimprimer ou faire réimprimer ladite Continuation de l'Hiftoire du Parlement de Bourgogne ci-deffus fpécifiée, en un ou plufieurs volumes, conjointement ou féparément , & autant de fois que bon lui femblera, & de la vendre, faire vendre & débiter par tout nôtre Royaume pendant le tems de fix années confécutives , à compter du jour de la date defdites Préfentes : Faifons défenfes à toutes fortes de perfonnes de quelque qualité & condition qu'elles foient , d'en introduire d'impreffion étrangére dans aucun lieu de nôtre obéiffance, comme auffi à tous Imprimeurs, Libraires & autres , d'imprimer ou faire imprimer , vendre , faire vendre , débiter ni contrefaire la Continuation de l'Hiftoire du Parlement de Bourgogne, en tout ni en partie, ni d'en faire aucuns extraits fous quelque prétexte que ce foit; d'augmentation , correction , changement de titre ou autrement , fans la permiffion expreffe & par écrit dudit Expofant ou de ceux qui auront droit de lui , à peine de confifcation des exemplaires contrefaits, de quinze cens livres d'amande contre chacun des contrevenans, dont un tiers à Nous , un tiers à l'Hôtel-Dieu de Paris , l'autre tiers audit Expofant , & de tous dépens , dommages & interêts ; à la charge que ces Préfentes feront enrégiftrées tout au long fur le Régiftre de la Communauté des Imprimeurs & Libraires de Paris , dans trois mois de la date d'icelles ; que l'impreffion de cet Ouvrage fera faite dans nôtre Royaume & non ailleurs; que l'Impétrant fe conformera en tout aux Réglemens de la Librairie , & notamment à celui du dix Avril mil fept cens vingt-cinq ; & qu'avant que de l'expofer en vente, le Manufcrit ou Imprimé qui aura fervi de copie à l'impreffion dudit Ouvrage fera mis dans le même état où l'aprobation y aura été donnée , és mains de nôtre très-cher & féal Chevalier - Garde des Sceaux de France le Sieur Chauvelin, & qu'il en fera enfuite remis deux exemplaires dans nôtre Bibliotéque publique, un dans celle de nôtre Château du Louvre , & un dans celle de nôtre très-cher & féal Chevalier , Garde des Sceaux de France le Sieur Chauvelin ; le tout à peine de nullité des Préfentes ; du contenu defquelles vous mandons & enjoignons de faire joüir l'Expofant ou fes ayant caufe , pleinement & paifiblement, fans fouffrir qu'il leur foit fait aucun trouble ni empêchement : Voulons que la copie defdites Préfentes qui fera imprimée tout au long au commencement ou à la fin dudit Ouvrage , foit tenuë pour duëment fignifiée, & qu'aux copies collationnées par l'un de nos amés & feaux Confeillers & Sécretaires , foi foit ajoutée comme à l'original. Commandons au premier nôtre Huiffier ou Sergent de faire pour l'exécution d'icelles tous actes requis & néceffaires, fans demander autre permiffion, nonobftant clameur de Haro, Chartre Normande & Lettres à ce contraires. CAR tel eft notre plaifir. Donné à Fontainebleau le cinquiéme jour du mois de Juillet l'an de grace mil fept cents trente-un , & de nôtre Régne le feiziéme. Par le Roi en fon Confeil. *Signé* , VERNIER.

Régiftré fur le Régiftre VIII. de la Chambre Royale des Libraires & Imprimeurs de Paris , N°. 189. Fol. 184. conformément aux anciens Réglemens confirmés par celui du 28 Fevrier 1723. A Paris le 10 Juillet 1731. Signé , P. A. LE MERCIER.

Page iij *des Edits*, *&c. ligne* 6 , *lifez* raifons tirées du mérite de ceux.
Même page , *ligne* 14 , *lifez* les autres Préfidents.
Page iv, *ligne* 6 , *au lieu de* chargés , *lifez* changés.
Page v , *ligne* 21 , *lifez* voix.
Page xv , *ligne* 27, *lifez* 1667.
Page xvj , *ligne* 37 , *lifez* defquels.
Page xx , *ligne* 2 , *après* Novembre , *ajoutez* 1683.
Même page , *ligne* 4 , *après* même année , *ajoutez* 1709.
Dans la Lifte des Officiers du Parlement qui rendent aftuellement la Juftice, &c.
    à l'article des Préfidents , *au lieu de* M. Catherin du Port, *ôtez* Catherin,
    & lifez du Port de Montplaifant.
Page 2 , *ligne* 14 *au lieu de* par, *lifez* fur.
Page 4 , *ligne* 2 , *au lieu d'*éloit, *lifez* étoit.
Page 6 , *ligne* 18 , *au lieu de* par , *lifez* fur, *& de même en plufieurs autres en-*
    droits.
Page 7 , *ligne* 4 , Etendard, *lifez* Etendart.
Page 9 , *ligne* 9 , Migieux , *lifez* Migieu.
Page 10 , *ligne* 16 , *au lieu de* Décembre , *lifez* d'Octobre.
Page 11 , *ligne* 8 , Lyons, *lifez* Lions, *de même qu'en plufieurs autres endroits.*
Page 16 , *ligne* 7 , *au lieu de* troifiéme , *lifez* quatriéme.
Même page , *ligne* 19, Migieux , *lifez* Migieu : *ligne* 20, *lifez* Marquis de Savig-
    ny fous Beaune & de Roffillon.
Page 25, *ligne* 1 , *au lieu de* fon pere , *lifez* fon grand-pere ; *& au lieu de* page
    3, *lifez* page 8.
Page 26 , *ligne* 7 , *après* Domoy, *ajoutez* le Tillet.
Page 27 , *ligne* 5, *lifez* fur.
Page 38 , *ligne derniere*, un Aigle éployé, *lifez* une Aigle éployée , *& de*
    même par tout où Aigle fe trouvera au mafculin dans le Blafon.
Page 39 , *au lieu de* Comte d'Auxonne, Chatillon & Bar-fur-Seine, Lieute-
    tenant Général , &c. *lifez* Lieutenant Général pour le Roi au Gouverne-
    ment de Bourgogne, dans le Bailliage de Dijon, Comté d'Auxonne,
    Chatillon & Bar-fur-Seine.
Page 40, *ligne* 3 , *après* de Vair , *ajoutez* à la bordure endenchée d'argent.
Page 45 , *ligne* 2 , un, *lifez* une. *Ibid.* naiffant, *lifez* naiffante.
Page 49 , *ligne* 10 , *au lieu de* par , *lifez* fur, *& faites la même correction dans*
    toutes les pages où la même faute fe trouvera.
Même page , *ligne* 15 , *après* de Bourgogne , *ajoutez* & le Roi lui donna auffi la
    Commiffion , *&c.*
Page 54 , *ligne* 7 , vacante , *lifez* vacant : *ligne* 11 , celle , *lifez* celui.
Page 56 , *ligne derniére*, dudit Paray, *lifez* du même lieu.
Page 58 , *ligne* 9, 21 du mois de Janvier , *lifez* 28 Mars.
Page 70 , *ligne* 5 , *lifez* Chandé.
Page 71 , *ligne* 10, *lifez* Bauyn.
Page 78 , *ôtez ces mots* : Pierre Prinftet qui en avoit traité précédemment ,
    n'ayant pas voulu s'y faire recevoir , fit fa démiffion en faveur de , *&c.*
Page 79 , *ôtez ces mots* : Jean-Anne Carrelet Chanoine en la même Eglife,
    qui en avoit traité , ne s'y fit point recevoir , & réfigna en faveur de , *&c.*
Pages 83 *&* 225, *lifez* DE MAILLARD.
Page 84, *ôtez ces mots* : Par la démiffion de Nicolas Genreau , qui en avoit
    traité fans s'y faire recevoir , avec la Veuve de ; *& en leur place lifez* , par

le décès de Jean-François Rémond de Gand.

Page 86 , *ôtez ces mots* : Charles Gillet , qui en avoit traité , ne s'y fit point recevoir.

Page 88 , *ligne* 1 , *après* Croix , *ajoutez* endenchée.

Page 89 , *ligne* 9 , *lifez* Lebelin.

Page 90 , *ligne* 4 , *après* Fyot , *ajoutez* qui après l'avoir acquife des héritiers de Benigne Bernard de Trouhans , la réfigna avant que de s'y faire recevoir.

Page 91 , *ligne* 5 , *lifez* MALETESTE : *même page ligne* 7 , *même correction.*

Page 106 , *ligne* 1 , *lifez* , Il portoit comme Claude Guye fon pere , Seigneur de l'Abergement & de Vornes.

Même page , *ligne* 4 , pour Suports , *deux Licornes.*

Page 121 , *ligne* 3 , *lifez* Suports.

Page 135 , *ligne* 10 , *après* Chef *ajoutez* coufu.

Même page , *ajoutez* , Il portoit comme fon pere , V. Palliot , p. 321. Devife, Quò justior eò ditior .

Même page , *ajoutez* , Suports , deux Aigles.

Page 142 , *ligne* 16 , *après* 226 , *ajoutez* 235 , 255.

Page 149 , *ligne* 23 , *lifez* Burgundicos.

Page 161 , *à l'article de feu Mr. l'Abbé David* , *ajoutez* , il eft décédé le 23 Juin 1732 , & inhumé à Dijon dans l'Eglife de S. Michel.

Page 187 , *ligne* 7 , *après* le quatre , *ajoutez* du mois d

Page 187 , *ligne* 8 , *lifez* 1723.

Page 190 , *à l'article de Mr. Fijan* , *ajoutez* , Doyen de l'Eglife Collégiale de S. Andoche de Saulieu.

Page 200 , *ligne* 4 , *lifez* qui paffa à une Charge.

Même page , *ligne* 11 , *après* Parlement , *ajoutez* de Franche-Comté.

Page 202 , *ajoutez à la fin* , il eft décédé le 24 Juillet 1733 , & inhumé dans l'Eglife S. Jean.

Page 206 , *ajoutez au bas de l'Ecuffon des Armoiries* : Il porte *d'azur au Chevron d'argent accompagné de deux Rofes d'or en Chef* , *& d'un Croiffant d'argent en pointe.*

Page 222 , *ligne* 8 , *lifez* ayant précédemment exercé.

Page 231 , *ligne* 4 , *lifez* Enfans.

Page 240 , *ligne* 6 , *au lieu de* & des , *lifez* par.

Page 241 , *ligne* 1 , fon frere , *lifez* fon coufin.

Page 242 , *ligne* 4 , *au lieu de* Befans , *lifez* Tourteaux.

Même page , *ligne* 6 , *au lieu de* premier quartier , *lifez au* franc quartier.

Même page , *ligne* 7 , *ôtez* pofées en pal.

Même page , *ligne* 10 , *aprez* chargée , *ajoutez* de.

Page 257 , *ligne* 2 , *après* de gueule , *ajoutez* à la Fafce d'or & au Chef d'or chargé d'un Aiglon de fable.

Pages 259 *&* 263 , *lifez* Il porte *d'azur , au Perroquet d'or.*

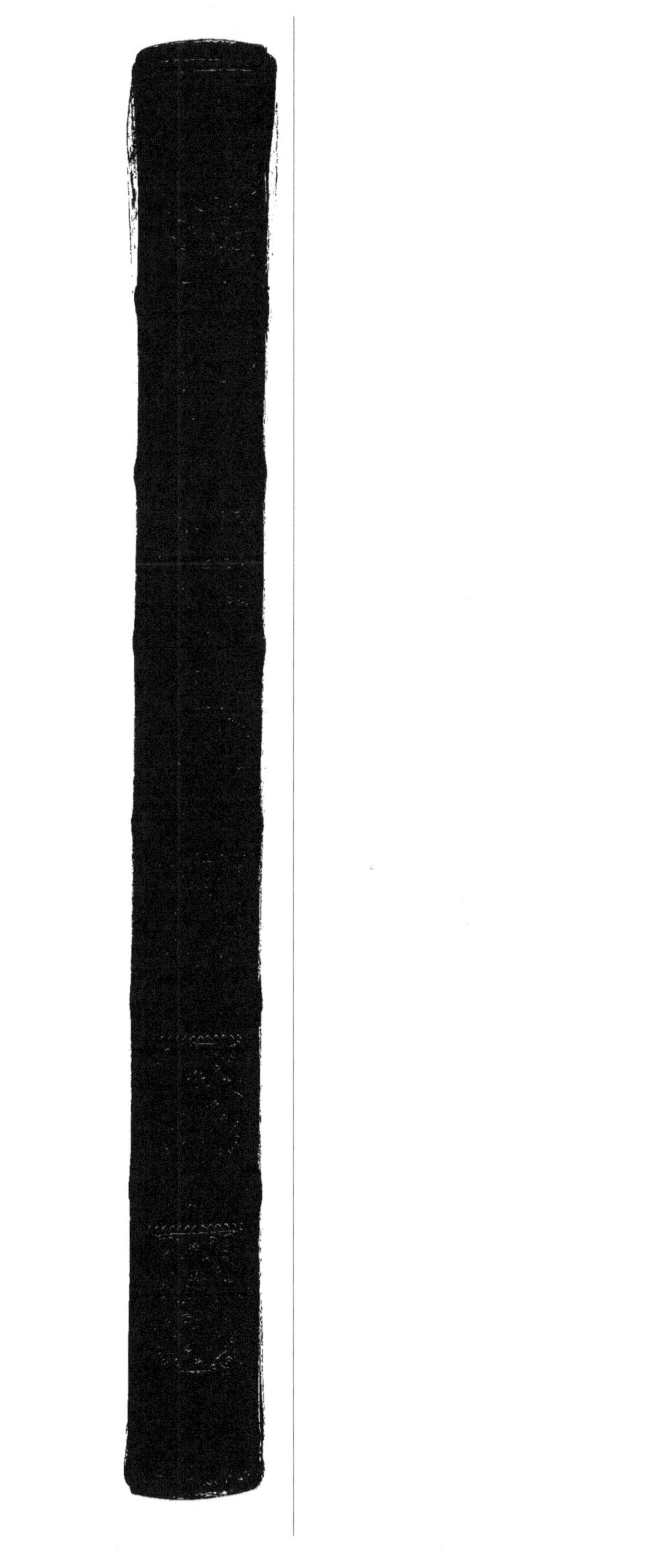